EDITORIAL CONSERVADORA

MANUAL PARA DESACTIVAR LA RETÓRICA SOCIALISTA

MAXIMILIANO JARA

MANUAL PARA DESACTIVAR LA RETÓRICA SOCIALISTA
Autor: Maximiliano Jara Pozo

Editorial Conservadora S.p.A.
Badajoz 100, of. 523
Las Condes, Santiago, Chile
www.editorialconservadora.cl

Edición: Benjamín Lagos Cárdenas
Diseño: Carlos Merino

Inscripción N° 2020-A-4230
Registro de Propiedad Intelectual
ISBN 978-956-09169-7-6

Nuestro ridículo defecto nacional consiste en no tener mayores enemigos que nosotros mismos, de nuestros triunfos y de nuestra gloria.

Napoleón I

Heme aquí por siempre desacreditado ante todos. Se me acusa de ser un hombre sin corazón y sin entrañas, un filósofo rancio, un individualista, un burgués y, para decirlo todo en una palabra, un economista de la escuela inglesa o americana. ¡Oh! Perdónenme, escritores sublimes, a los que nada detiene, ni las propias contradicciones. Estoy equivocado, sin duda, y me retracto de todo corazón. No pido nada mejor, estén seguros, de lo que ustedes ya han descubierto: un ser bienhechor e infatigable, llamado Estado, que tiene pan para todas las bocas, trabajo para todos los brazos, capital para todas las empresas, crédito para todos los proyectos, aceite para todas las llagas, alivio para todos los sufrimientos, consejo para todos los perplejos, soluciones para todas las dudas, verdades para todas las inteligencias, distracciones para todos los aburrimientos, leche para los bebés, vino para los ancianos; un ser que provee a todas nuestras necesidades, previene todos nuestros deseos, satisface todas nuestras curiosidades, endereza todos nuestros entuertos, repara todas nuestras faltas y nos dispensa de juicio, orden, previsión, prudencia, juicio, sagacidad, experiencia, orden, economía, templanza y actividad.

(Frédéric Bastiat, El Estado)

ÍNDICE

PRESENTACIÓN
El valor de la diversidad
Por Axel Kaiser

Quienes creemos en la libertad de expresión según la tradición de John Stuart Mill, es decir, en que debe existir la más abierta discusión de ideas posible para, desde ahí, alcanzar la verdad, pensamos que la única diversidad relevante para el progreso social es la intelectual. En los tiempos que corren, en que el concepto de diversidad se ha reducido a una superficial dimensión tribal sirviendo como pretexto para cancelar visiones disidentes, debe celebrarse el que se realicen esfuerzos para ampliar el abanico de puntos de vista. Este libro y esta editorial constituyen un ejercicio de la libertad de expresión que Mill defendía sin concesiones, pues reafirman la relevancia de la cultura tolerante y genuinamente diversa que tanto liberales como conservadores deben abrazar.

Las ideas planteadas por el autor, Maximiliano Jara, son críticas con corrientes ideológicas de izquierda en Chile y se puede decir al leerlas que, en cierto grado, comparten el estilo polémico de sus adversarios. Los datos y la evidencia son relevantes en el arsenal argumentativo de esta obra ilustrando el punto que pretende demostrar su autor, a saber, que las ideologías suelen ser ciegas a la realidad, pero muy hábiles en materia de generar relatos capaces de persuadir a grandes grupos de personas al estimular sus emociones. Se esté o no de acuerdo con él, el texto de Jara es dinámico, presenta muchos argumentos convincentes que merecen ser discutidos y, sin duda, reflejan el pensamiento de millones de chilenos que ven con preocupación el camino que ha tomado el país debido a la influencia de doctrinas incompatibles con el progreso. Por ello, es de esperar que este libro produzca la discusión que merece y sea valorado por todos quienes creen en la diversidad de puntos de vista como un aporte al debate de ideas.

PRÓLOGO

Por Sergio Melnick

La libertad, desde que el mismo momento en que el ser humano adquirió la consciencia de ser consciente, tras millones de años de evolución, ha sido siempre una aspiración muy profunda, inescapable y por cierto muy compleja. De hecho, el individuo ha tenido que luchar siempre contra las estructuras sociales del poder. No fue fácil liberarse de los reyes, ni de la esclavitud, así como hoy no lo es liberarse de los estatistas que han reemplazado a los viejos dictadores con una nueva forma de deidad omnipotente: el estado. Gramsci, como demuestra el autor, reemplazó a Marx en la estrategia, pero no en los fines.

Cada ser humano es único e irreproducible, hasta ahora. Eso nadie lo puede discutir, aunque la tecnología podría decir otra cosa muy pronto. Somos todos diferentes; más aún, queremos ser diferentes. Diferente no es ni mejor ni peor, es simplemente diferente. Nadie quiere ni merece realmente tener que vivir la vida de otro. Luchamos por ser distintos a los demás, por destacarnos, por triunfar. Luchamos para poder lograr el desarrollo del máximo potencial de ese ser único que somos, lo que Jung llamó el camino de la individuación (que no tiene nada que ver con el individualismo) y que requiere poder descubrir esa identidad profunda: nuestro verdadero ser.

Precisamente por ello, la libertad para poder desarrollar ese "sí mismo" es una aspiración inescapable del individuo, que viene o está anclada en sus arquetipos inconscientes muy complejos, propios del ser humano.

El ser humano tiene dos grandes facetas. Una es su rol social, con sus múltiples máscaras que le permiten la adaptabilidad y la sobrevivencia. Estas están localizadas en la consciencia donde el ego es algo así como el administrador de la consciencia. Es el YO del ego; necesario. Por el otro lado, está ese ser interior, único, irreproducible, que busca su propia expresión. Ese es el Self. La buena sociedad es la que permite por un lado realmente ese desarrollo y para eso el ingrediente crítico es siempre la libertad. Por el otro, el estado que debe apoyar al desvalido para que tenga las oportunidades que merece como ser humano. Una cosa entonces es definir las reglas del juego, otra es tratar de predefinir el resultado: eso simplemente no es posible.

La sociedad, a su vez, es fundamental para el desarrollo del ser humano precisamente porque somos diferentes. La sociedad nos permite especializarnos y colaborar. Esa especialización es enormemente productiva en el bienestar colectivo. Por otro lado, también lo es para los efectos de la seguridad que todos requerimos, y que se alcanza mejor en grupo que en forma individual. Es la gran enseñanza que viene incluso de las células originarias cuando aprendieron a colaborar y terminaron en un organismo. La sociedad requiere y permite la colaboración, pero no debe jamás tratar de anular la propia individualidad, la esencia de cada cual: aquello que nos hace ser nosotros mismos.

El liberalismo como cuerpo de ideas es hasta hoy la principal forma de organización social que permite compatibilizar sana y productivamente lo individual con lo colectivo. Ello se regula en el llamado contrato social, cuya base última dependerá de una cosmogonía que define el rol del ser humano. Hay muchas cosmogonías: no debe haber una oficial. ¿Somos lobos u ovejas? Somos ambos, somos duales, por eso requerimos un sólido estado de derecho.

Los estatistas, es decir los adoradores del estado como un nuevo dios omnipotente y bueno, gustan de la ingeniería social exclusivamente realizada desde la consciencia, por definición imperfecta. La consciencia es solo la parte racional del ser humano (la que más se equivoca), el que también tiene espiritualidad, emociones, instintos, historia (cultura o consciencia colectiva). Lo que hacen, en definitiva, es reducir la complejidad de la realidad humana a los cánones sagrados de su propia ideología, es decir, a teorías o conjeturas que no son nunca la realidad. Al final son caricaturas bellas, pero irreales. Someten así al individuo a las verdades oficiales y a la burocracia militante. Se basan en teorías deterministas de la historia, negando la evidencia de la civilización que sigue abriendo puertas insospechadas en el desarrollo colectivo y personal.

No solo eso: los seres humanos nos hemos transformado en co-creadores de la realidad, con base en una tecnología que cada vez se parece más a la magia, cuando es vista a la luz de la historia. Hemos leído el código genético y encontrado la nada en la materia cuántica. Estamos de hecho abriendo literalmente una nueva realidad digital que cambia todos los conceptos de realidad quc antes conocíamos. El tiempo y el espacio ya no son lo mismo.

Para indagar lo nuevo y "crear" realidad, se requiere libertad de pensamiento y de emprendimiento para materializar las nuevas ideas y abrir los horizontes. El estado no es ni creativo ni innovador: es siempre burocrático.

Aun así, los estatistas siguen como si nada con sus modelos cavernarios, represivos de la individuación que más tarde o más temprano siempre busca el ser humano en su soledad existencial. Somos intrínsecamente solos, por ser únicos, lo que no significa tener que ser solitarios.

Detrás de la trama humana, está la esquiva y difícil pregunta del quién soy yo, de cuál es mi tarea personal en esta existencia. Y para qué hablar del desarrollo de la espiritualidad (que no es lo mismo que la religión, que es solo una de sus formas posibles), que es un espacio también propio e íntimo del individuo que el materialismo estatista siempre ha despreciado y perseguido, incluso con la prohibición y muerte.

En ese marco general de referencia, resulta demasiado gratificante encontrar y leer a un intelectual que sale a la defensa de la libertad, en tiempos que es fuertemente amenazada por el totalitarismo socialista. Venezuela, el país más rico de la región, se transformó con el chavismo en uno de los más pobres.

Este libro es muy interesante. Es una mezcla del análisis de las grandes ideas político-sociales, en la lógica agradable de una pluma que se acomoda al estilo de las buenas columnas de opinión y con gran lucidez. Pero a diferencia de una colección de columnas de opinión tradicional, este es un libro que completa una hipótesis política del autor. Aquí hay discusión de ideas, de teorías, fundamentos intelectuales, referencias abundantes para seguir y defender los grandes ideales de la libertad humana. No es obviamente un libro de investigación teórica, que proponga un nuevo modelo, sino que es un libro de un conocimiento aplicado.

Paso a paso, Maximiliano Jara va desactivando el relato populista del socialismo arcaico, y va mostrando como ese estatismo resulta al final profundamente irracional, vestido con los ropajes elegantes del estado de bienestar mal entendido. Así es como ese estado va generando una falsa igualdad que básicamente empobrece a la mayoría, y transforma a los individuos paulatinamente en esclavos de la limosna estatal, del bono, del paquete de medidas, de la ilusión de justicia que viene de ese nuevo dios aparentemente empático, bondadoso y misericordioso.

Para todo ese desarrollo, el autor usa la evidencia del caso chileno de los últimos 40 años. Uno a uno va derribando los mitos que han instalado en las malas prácticas gramscianas en la política y decisiones públicas, que poco a poco van apagando la libertad individual. El individuo es previo al estado y es este quien debe servir al ser humano, no al revés. Chile, como demuestra este libro, no era el país más desigual del planeta: era el mejor de la región, admirado internacionalmente. "Cada decimal (de las estadísticas que el socialismo desprecia), significa miles de personas que salieron de la pobreza y viven mejor que sus antepasados".

El abuso del realismo mágico se establece creyendo que los discursos resuelven problemas, o que las buenas intenciones bastan para gobernar. Peor aún, muestra la idea mesiánica de que una Constitución podría garantizar derechos, bienestar y desarrollo por sí misma, cuando en realidad ello depende de las personas. Los porfiados resultados del estatismo son siempre negativos una y otra vez en la historia. En nombre de la causa estatal y colectivista, la historia muestra cómo se han instalado feroces dictaduras que compiten en atrocidad con el nazismo despreciable, apenas otra forma de colectivismo socialista.

Hoy Chile vive épocas muy difíciles. Después del período probablemente más exitoso de la historia del país, medido en todas las dimensiones posibles como lo demuestra el autor, a partir del primer gobierno de la Sra. Bachelet la economía se empezó a desplomar hacia un nuevo estatismo agobiador. La sociedad se polarizó. Desde entonces, hace ya 12 años, estamos con un déficit fiscal agobiante que va acompañado de una deuda pública cada vez más impagable. Retrocedimos 50 años. Agréguese un levantamiento violento contra el gobierno en octubre del año 2019 y la pandemia del globalismo mal entendido, y el daño al país es probablemente irreparable.

Por eso es tan importante leer este libro y recoger argumentos contundentes para poder desactivar la retórica socialista que quiere crecer en nuestro país. Que viva la diversidad, que viva la libertad.

INTRODUCCIÓN

Antonio Gramsci, referente intelectual de la izquierda, dice en sus *Cuadernos de la Cárcel: La conquista del poder cultural es previa a la del poder político, y esto se logra mediante la acción concertada de los intelectuales llamados 'orgánicos' infiltrados en todos los medios de comunicación, expresión y universitarios.* Del mismo modo, la izquierda latinoamericana -asimismo influida por el trotskismo, la revolución cubana y movimientos *campesino-indigenistas-* veía en la cultura una herramienta alternativa a la violencia revolucionaria. Así, nuestra intelectualidad de izquierda -afianzada en universidades, medios de comunicación e instituciones culturales- se atribuye superioridad moral y propaga la *igualdad* -igualitarismo- y la *no violencia.* Es lo que Lavrenti Pavlovich Beria, precursor de la psicopolítica y jefe de la KGB, llamó *higiene mental:* la conquista del poder por la implantación del caos y la cooptación de la cultura.[1] Desde el *pedestal* de la igualdad y la no violencia, la izquierda sermonea, pretendiendo arrasar los valores que se le opongan -Patria, nación, familia, religión, mercado- para sustituirlos por el materialismo dialéctico, es decir, la lucha de clases entre clases dominantes y subalternas, a fin de lograr una sociedad más *justa, libre y solidaria.*

Sin embargo, cualquiera que conozca superficialmente a Gramsci se percatará de que no era precisamente un pacifista: *el poder es un centauro: mitad coerción, mitad legitimidad,* decía. Y la vía armada siempre terminó siendo legítima para la izquierda latinoamericana, de lo que dan fe la revolución cubana, su sangrienta dictadura y el

1. Introducción del libro *Manual del Lavado Cerebral* por L. Ron Hubbard. Discurso introductorio de Lavrenti Pavlovich Beria, político y policía ruso durante el régimen de Stalin, para el curso de psicopolítica dictado a estudiantes americanos.

bochornoso episodio del octubre chileno de 2019. Pero un soviético hubiera encontrado en el socialista latinoamericano de la Guerra Fría una versión *soft* suya, incapaz de inmolarse como el Ejército Rojo en 1917 o 1943. Un *gramsciano* con la verborrea de Fidel Castro, la melena y barba del Che Guevara, la guitarra de Violeta Parra, el latinoamericanismo e indigenismo de Haya de la Torre, los murales de Rivera y la poesía de Neruda: el hijo político engendrado de los encuentros sexuales de León Trotsky y Frida Kahlo.

Con lo anterior no se pretende caricaturizar al intelectual socialista latinoamericano, sino explicar el fracaso de las revoluciones marxistas en América Latina para constituirse en alternativa viable de poder. La falta de disciplina y de doctrina sabotearon sus propios proyectos. Clara expresión de aquello fue el fracaso de la Unidad Popular en Chile. En lo básico, las fuerzas de izquierda no tenían acuerdo: los comunistas decían respetar la institucionalidad burguesa, mientras que la mayoría de los socialistas promovían su quiebre, aun al precio de la guerra civil y la desintegración nacional. La UP no solo tuvo como obstáculo una nación reactiva a una ideología extraña como el bolchevismo, sino su desorden interno, algo increíble para una coalición política que aspiraba a la planificación global de la sociedad. Ese conflicto entre reformistas y revolucionarios dividió irreconciliablemente las fuerzas de *la vía chilena al socialismo.*

Tras la dramática experiencia chilena de la UP, ¿es posible aún crear un orden socialista institucional? En Latinoamérica sí. El eslogan de la *igualdad* convirtió en socialistas probablemente de manera irreversible a sociedades como Argentina y Venezuela; en este último caso, la retórica *gramsciana* permitió institucionalizar la revolución bolivariana a través de un caudillo y una nueva Constitución, con los nefastos resultados conocidos por todos. La demagogia, la narrativa mítica, la cooptación cultural e intelectual son ventajas absolutas de la izquierda *gramsciana* en América Latina y en Occidente en general. Alguna vez el propio Marx acusó a la filosofía liberal-burguesa de apropiarse del conocimiento, a través de su teoría del *secuestro del raciocinio.* Gramsci tomó aquel concepto de Marx y dio forma a la *hegemonía cultural*, es decir, el liderazgo intelectual y moral socialista como la construcción del *sentido común.* Los teóricos de la *Escuela de Frankfurt* tomarían el testimonio tras la postguerra, otorgándole una legitimidad filosófica moderna.

Esta introducción a las características *gramscianas* del socialismo chileno y latinoamericano, formado ante la imposibilidad de alcanzar el poder por la fuerza, ayuda a explicar las movilizaciones sociales y criminales organizadas por la izquierda en Chile en octubre de 2019. La intelectualidad chilena construyó a lo largo del siglo XX, en especial en las últimas dos décadas, una indiscutible hegemonía cultural que ha inspirado una serie de crisis sociales; la última de ellas no es más que la culminación de un largo historial de intentos de acceder al poder destruyendo el orden institucional. Como diría un reconocido historiador trotskista, las *masas mestizas iracundas* o el *bajo pueblo* protagonizaron el más grande y temible reventón social de toda la historia de Chile.[2] Lejos de ser cierta está la tesis de la izquierda de que el *estallido social* se organizó lejos de las antiguas formas asociativas (partidos políticos y organizaciones sindicales)[3] solo porque se apreciaban entre las multitudes banderas indigenistas, de minorías sexuales y barras bravas: eso por sí solo no demuestra que los partidos políticos de ultraizquierda no tomaron parte en los eventos de octubre. Que los cabecillas no se vean, no quiere decir que no existan. Las estaciones de metro reducidas a cenizas de manera simultánea distan grandemente de un

2. Salazar (2020), p. 13.
3. Ruiz (2020), p.66.

movimiento social espontáneo. Pero, una vez que la violencia se transformó en la fuerza dominante de la protesta, a los partidos de izquierda más les convenía alejarse de la furia desquiciada y culpar al lumpen. Es lo que popularmente se conoce como *tirar la piedra y esconder la mano.*

Por ello, no es que la sociedad chilena despertase y se constituyese en un *nuevo pueblo que trata de abrir un nuevo ciclo histórico*[4] tras el agotamiento del *modelo neoliberal y de su descendiente directo, el abuso:* la versión moderna de la dialéctica marxista de la *explotación* y, junto con la desigualdad, conceptos explotados por la izquierda hasta la saciedad. Como señaló el diputado de Revolución Democrática Giorgio Jackson, *la desigualdad se convierte en un ají en el poto* (sic) *para las personas.*[5]

Uno de los pocos intelectuales que vaticinó -más de una década antes, en 2007- los eventos de octubre de 2019 en Chile fue Axel Kaiser: *"Chile se encamina al fracaso. (...) El fracaso consistirá más bien en haber llegado hasta donde estamos, con un nivel de creciente tensión social que sin duda nos hará retroceder en varios aspectos. Derivará en un clima creciente de conflictividad social".*[6] Kaiser, además, predijo: *"La clase política empezará a ceder por todos lados en una competencia frenética por mantener su popularidad y, así, el poder. Habrá más populismo, más ofertones, más repartija y más leyes antiliberales que introducirán rigideces al sistema, todo lo cual agravará la situación... Para cada problema habrá una respuesta ideológica apuntando hacia más Estado e ingeniería social".*[7]

4. Ruiz (2020), p.82.
5. Jackson (2020), p. 13.
6. Kaiser (2015), p. 15.
7. Kaiser (2015), p. 18.

A lo largo de estas páginas se analizará el discurso socialista, que, amparado en narrativas como la igualdad, es capaz de seducir a sociedades maduras y con economías de altos ingresos y desarrollo humano como la chilena, Sin embargo, ¿es posible desactivar la retórica socialista? Al sustentarse en relatos, poesía, desinformación y manipulación, es en teoría fácil de desenmascarar. Por tanto, se requiere manejo de un elemento despreciado por la izquierda, la evidencia empírica, al alcance de la mano de quien quiera obtenerla.

Sin embargo, el discurso de izquierda es duro de roer. Al tener el rigor científico en su contra, apela entonces a la emotividad e incluso a valores como la justicia y la moralidad, acusando recurrentemente a sus oponentes de *tecnócratas e insensibles del sufrimiento de la gente. El dolor del pueblo no se traduce en cifras, su frustración no son números, son familias, son la clase media chilena abandonada.* Esos son los típicos argumentos de la izquierda cuando los datos empíricos no les favorecen, pero que le dan una ventaja casi insuperable ante las masas desinformadas y susceptibles a la demagogia. Es lo que Kahneman llamó sistemas de pensamiento, dentro de los cuales el pensamiento instintivo-emocional predomina en la mente de los hombres.[8] Por otra parte, la ideología liberal no cuenta ni con un Gramsci ni con un Althusser. Los grandes pensadores no marxistas suelen ser ignorados, pues casi no se enseñan en las aulas, controladas por la izquierda. Negar validez a las ideas del otro es una herramienta magistral, pero hoy también una lucha desigual. Ante eso, el camino es recuperar no solo las aulas: también medios de comunicación, cultura, federaciones de estudiantes, centros de pensamiento, calles, gremios, sindicatos y barrios periféricos, combatiendo a la intelectualidad marxista en su propio patio.

---

8. Kahneman (2012).

En su obra *La sociedad abierta y sus enemigos,* Karl Popper definió lo que llamaría como la *paradoja de la tolerancia,* teoría que concluye que una sociedad con una tolerancia ilimitada a un conjunto de valores y acciones, conducirá a la desaparición de la tolerancia.[9] Asimismo, la señalada teoría condena la violencia como manera de imponerse en el debate ideológico. De acuerdo a lo anterior, según Popper, quienes usan la violencia como un medio, es simplemente porque se quedaron sin argumentos para sostener sus ideas. Las denominadas *funas,* incluyendo ataques físicos contra quienes piensan distinto, han sido de manera lamentable cada vez más comunes en Chile, en peligroso detrimento del debate público y también del privado.

Pero los ataques también vienen desde la prensa: rostros de televisión -con escasa instrucción en el mundo de la política- y periodistas que no dudan en censurar al que se atreva de opinar distinto, es decir, contra los principios de la izquierda. Precisamente, los mismos que marcharon por años en las calles exigiendo un mundo tolerante con las minorías, son quienes -amparados en el discurso construido por una aparente y falsa mayoría- silencian y atacan a quienes no comulgan con su visión de mundo: es lo que llamo *la dictadura de las minorías.* Si esto no es la paradoja de la tolerancia teorizada por Popper en la posguerra, entonces no hay nada que lo sea.

El socialismo da en la boca sus ideas y las mastica para la gente, para que sean de fácil digestión. Por si fuera poco, las masas -que reciben eficazmente de manera reiterativa las *ideas falsas,* según Althusser- sienten repulsión por los argumentos académicos de la derecha, ya que las vincula de inmediato con las ideas de una clase privilegiada que tuvo los recursos para educarse, como si nadie más tuviera

9. Popper (1981).

acceso a la educación superior en Chile. Por eso, quien habla más y más fuerte, a través de discursos tribales, gana la calle, no obstante los recursos intelectuales sean limitados.

Pero tras esos *fríos y malvados* números hay hombres y mujeres, chilenos de carne y hueso, familias. Cada decimal significa personas que salieron de la pobreza y viven mejor que sus antepasados. Cuando abordemos el titánico esfuerzo que desde los setenta redujo los niveles de pobreza en Chile, veremos que las estadísticas respaldan que el modelo económico que hoy se desprestigia generó un país más justo. Sí, leyó bien: más justo. La evidencia demuestra que la economía de mercado, la propiedad privada, la libertad individual y la responsabilidad fiscal generaron una caída inédita de los índices de desigualdad: simplemente, hay modelos que funcionan mejor que otros. Como dijo el reconocido economista chileno-norteamericano Joseph Ramos, *en Chile hay mucha ignorancia respecto al modelo económico.* Entonces, ¿cuál es la causa de este inusual nivel de polarización? ¿Cómo se explica el auge de una ideología basada en la ignorancia o la falacia? En nuestro medio, en el fragor de las batallas del combate ideológico, el mesianismo y la demagogia, las promesas de paraísos terrenales son más bienvenidas por el público que la evidencia empírica.

Un problema en este sentido es que la derecha chilena cayó, como diría Kaiser, en una *fatal ignorancia* al despreciar el rol de la cultura y las ideas en la evolución institucional y social. La derecha chilena no invirtió en contraatacar a tiempo en la *Batalla de las Ideas,* comunicándose con su electorado apenas en términos de eficiencia: es muy difícil construir una épica en torno a ella, ya que el corazón humano jamás se ha motivado por luchar por la eficiencia, pero sí por la libertad.[10] Además, lleva años

10. Kaiser (2015), p. 235.

en descomposición interna por diferencias en la agenda valórica y la interpretación de la historia reciente del país. Ahora está pagando el precio de traicionar visiones de mundo.

Esa desidia de la derecha puede observarse en los medios de comunicación: los empresarios dueños de la mayor parte de ellos son afines a ese sector político, pero exhiben contenidos que apoyan causas de izquierda, lo que se explica por la tendencia predominante en el gremio de periodistas. ¿Los dueños de la prensa confían tanto en sus empleados que permiten que estos manejen las líneas editoriales de sus medios, aun contra sus intereses económicos e ideológicos? ¿Acaso temerán ser rotulados como censores? ¿No encontrarían *periodistas de calidad* si impusieran su línea? O quizás simplemente el empresario no presta atención ni lee lo que se escribe o promueve en sus diarios o pantallas, sino que solo le interesa el *rating* y los ingresos publicitarios. Los medios de comunicación chilenos precisamente se jactan de su independencia y *pluralismo.* Pero cuando algún intelectual, columnista o periodista expone una tesis cercana al liberalismo, conservadurismo o nacionalismo, es atacado por un medio o comunicador afín al socialismo. ¿De qué pluralismo e independencia hablamos? El desbande social del 18 de octubre permitió desenmascarar a varios rostros de televisión o *periodistas de elite,* utilizando su exposición para propagandear más que informar. Como diría Althusser, la lucha es ante todo filosófica.[11]

Los argumentos existen, los números cuadran. El modelo, si bien requiere ajustes, ha demostrado funcionar. El hecho que Chile sea el único país considerado desarrollado en América Latina según organismos internacionales es el

---

11. Kaiser (2015), p.22.

mejor ejemplo de aquello.[12] El mayor de los desafíos para la libertad es traducir esos datos en un discurso que sea tan efectivo como la retórica socialista, la cual promete solucionar el problema de todos los chilenos de la noche a la mañana. En sociedades con memorias cortas como las latinas, esa receta ha prosperado en la historia. ¿Por qué no habría de hacerlo nuevamente?

Este documento no pretende ser un ensayo de análisis teórico-ideológico respecto al desorden social y violencia extrema en Chile en octubre de 2019. Sí pretende recoger de manera sucinta las principales narrativas de la izquierda, que han desembocado en innumerables demandas de *justicia social o de derechos sociales,* según la nomenclatura socialista, frente a un modelo liberal que habría *mercantilizado* y creado una perversa sociedad de consumo. Luego, el llamado de la izquierda es a derribar el modelo, instaurando un nuevo orden o como llaman líricamente, *Pacto Social.* Pacto que poco tiene de *acuerdo*, ya que consiste en liquidar el *sistema neoliberal* e instaurar un modelo de Estado de Bienestar, quebrado en todo el mundo, como etapa inicial de la revolución socialista que lleve a la refundación de Chile. ¿La estrategia? Convencer a la opinión pública respecto del *agotamiento del modelo* al que consideran como legitimador de la *dictadura*, travestido como diría Tomás Moulian durante las dos décadas de administración socialdemócrata.

La situación de facto que significa un Golpe de Estado *desde abajo* orquestado por la izquierda amenaza con la destrucción del orden institucional, el inicio de la dictadura del proletariado y, por ende, la viabilidad del Estado. El golpismo, a través de una mal llamada revolución callejera sin líderes que dieran la cara -dis-

12. Graduación OCDE, 2018.

frazado de un malestar antisistema generoso en emotividad y destrucción, pero carente en soluciones- amenaza el presente y futuro de Chile. Lo anterior solo fue posible a través de una coordinación y articulación por parte de la izquierda –con ayuda exterior- pero también gracias a la falta de reacción contundente por parte del propio gobierno.

En octubre, Chile se acercó a la humillante condición de Estado fallido, ya que sus fuerzas de seguridad -con la excepción de la breve acción militar- no dieron abasto ante el número y organización de la guerrilla subversiva. Peor aún, la profesional y valiente policía, Carabineros de Chile, fue atada de manos para hacer uso de las herramientas necesarias para ejercer su labor, es decir sus armas no letales. Pero la izquierda, con ayuda de magistrados y legisladores afines, enarboló una de sus armas propagandísticas predilectas: la violación de los Derechos Humanos, mediante una campaña de desprestigio y escarnio público a los uniformados sin existir pruebas de violación sistemática a los derechos humanos, tal como lo reconoció el director del Instituto de Derechos Humanos en su oportunidad. Los muertos, mutilados, violados y torturados[13] que aseguraron algunos autores sin comprobar los hechos ni hacerse responsable de sus palabras, son cómplices de lo que ellos mismos culpan al *modelo neoliberal,* el desprestigio de las instituciones y la erosión del sentido de comunidad. Todo esto se reduce a que el comunismo pretende desbaratar a las Fuerzas Armadas y de Orden que, según ellos, actúan como defensores de la burguesía y el capitalismo. En 1973, cuando los políticos fracasaron en su intento de desarticular al marxismo gobernante, los militares chilenos salvaron al país de sufrir una

13. Ruiz (2020), p.85.

cruenta guerra civil o terminar bajo el totalitarismo comunista. Hoy, militares y carabineros no tienen garantía alguna para volver a rescatar al país del caos y disfrutar de su vejez en paz.

No satisfecha con una nueva ofensiva histórica, la izquierda consiguió crear la necesidad para forzar el fin de la Constitución vigente, mediante una Asamblea Constituyente que diseñe un nuevo orden jurídico-institucional, dejando obsoleta la vigente Carta e introduciendo un texto acorde a una visión de mundo socialista. Ello no es nada nuevo: la *AC* no es sino una versión moderna de las *Asambleas Populares* impulsadas por la izquierda radical durante la UP, con el fin de reemplazar la *institución burguesa* del Congreso Nacional por *una realmente representativa que empodere al pueblo chileno.* No sería nada sorpresivo que ello sucediera hoy y que la *Asamblea Popular* o *Comunal* se declare a sí misma como el órgano soberano representativo.

Como hace 47 años, Chile está inmerso en una profunda crisis moral. La sublevación contra la autoridad, los actos de terrorismo, la destrucción del patrimonio y de los símbolos patrios, la quema de iglesias, conforman parte del manual de psicopolítica que fuera enseñado por la *Alta Escuela de Lenin* para preparar el terreno para la conquista del poder por el comunismo. Por desagracia, los pueblos suelen tener memoria corta. Bajo la visión historicista del materialismo dialéctico, el socialismo real logró rearticularse tras su derrota mundial de 1989. El Fin de la Historia, de acuerdo con la filosofía hegeliana utilizada y reinterpretada por el marxismo, no podía ser la derrota de la mayor religión secular creada por el hombre. El socialismo real nunca murió: esperó con paciencia la oportunidad para volver a la contienda ideológica. El *Foro de Sao Paulo,* el *Grupo de Puebla* y sus gobiernos afines son la confirmación de que el castrismo y el chavismo no eran regímenes con osteoporosis. El socialismo del siglo XXI es la confirmación que el Fin de la Historia nunca fue tal, y que sus fuerzas continúan en auge. Chile está precisamente en esa encrucijada.

Escribo estas páginas como un observador de mi época, con la más profunda angustia que acecha a un patriota respecto al destino de su Patria. Tras disfrutar con orgullo cómo Chile desde hace largos años se puso a la vanguardia de los países de América Latina en desarrollo social y económico, nuevamente la amenaza del socialismo se transforma en una realidad que puede torcer el auspicioso destino que la historia nos auguraba. Son los meses previos a un período que se vislumbra como decadente. Décadas de esfuerzo fundado en valores y principios como libertad individual, propiedad y responsabilidad personal, sustentados en un Estado de derecho, están ad-portas de sufrir un nuevo retroceso histórico que puede costar décadas en superarse. Como señaló un destacado académico marxista, *a esos sistemas es preciso matarlos.*[14]

Este libro va dedicado a los socialistas de peña folclórica y de salón de clases. A los repetidores de demagogia barata en sobremesa familiar, pero que jamás se atendieron en un hospital público. A los antisistema de alma, pero *twitteros* empedernidos desde el último celular inteligente y sentados en un café Starbucks. A los *abajistas*, anarquistas de las redes sociales, ambientalistas de barrio e intolerantes predicadores de la diversidad, la igualdad y el colorido multiculturalismo. A los enemigos del mercado, pero consumidores compulsivos de marcas y nuevas tendencias. A los que ven corrupción en todos lados y agotamiento del sistema sin haber leído el diario en su vida. A los nostálgicos de la *revolución de las empanadas*

14. Salazar (2020), p. 14.

y el vino tinto, del poder popular, del Che Guevara y del Frente Patriótico Manuel Rodríguez. A los que no han tenido en sus manos un libro de historia, pero se complacen de haber visto la serie antisistema de turno en *Netflix*. A los activistas de *papel maché* y altos comisionados de las minorías, cuyo aporte a la dignidad popular consistió en haber destruido Plaza Baquedano y haber profanado los símbolos patrios, despotricando contra la oligarquía de la que forman parte al menos por vínculos de sangre. A los mismos que serán purgados por sus *compañeros* cuando sean apuntados como *girondinos, burgueses y enemigos de la clase* y de la revolución. Como dijo Max Scheler, la doctrina moderna de la igualdad es una evidente creatura del resentimiento.

PARTE I

Los sepultureros del neoliberalismo

1. Cuando los socialistas relativizan la pobreza

Existe consenso académico que Chile en los últimos cuarenta años tuvo un espectacular desarrollo económico, que permitió sacar de la pobreza a millones de compatriotas. Gobiernos y académicos de izquierda han respaldado el hecho que el modelo de libre mercado y políticas de transferencias estatales focalizadas dieron progreso al país en todos sus ámbitos. No obstante, desde hace años sociólogos, historiadores, periodistas y políticos han difundido la teoría de que el progreso económico ha sido motivo de goce solo para unos pocos, *la elite político-empresarial, los grupos privilegiados o los poderosos de siempre.* De la noche a la mañana, toda la evidencia empírica fue barrida debajo de la alfombra. Por fortuna, fue inventado hace algunas décadas un revolucionario sistema de información en tiempo real llamado internet. Ya no hace falta ser politólogo, economista o historiador para conocer la evidencia; basta un mínimo de curiosidad. Pero si el ciudadano común dedicara un par de horas al estudio de la situación de su propio país, el contexto actual sería seguramente muy distinto y este libro sería innecesario.

Como este debate es ideológico y no científico para la izquierda, debemos comenzar por desmitificar una de sus materias centrales, la desigualdad. En el próximo capítulo este tema será abordado de manera más amplia, pero debe ahora clarificarse que el problema central no es una sociedad con ingresos y oportunidades desiguales, sino que la dramática falta de recursos de una parte de esta. Mientras haya pobreza material, hay un grado de inestabilidad en cualquier sistema democrático. Por tanto, la superación de la pobreza debe constituir el principio moral básico que inspira la acción del Estado, y así ha sido en Chile los últimos 40 años: no hay nada más urgente que resolver la situación de compatriotas en condiciones de precariedad material. Esa priorización generó la mayor movilidad social en la historia de Chile.

Pese al descenso de la pobreza -aunque la pandemia del *coronavirus* la haya incrementado-, la izquierda por más de dos décadas ha intentado instalar en el subconsciente colectivo la idea que el modelo económico ha beneficiado a unos pocos, perpetuando en ellos el poder y la riqueza.[15]

Lo primero que se debe considerar es la carga negativa que la izquierda -esto es, el conjunto de partidos, movimientos, intelectuales, activistas y prensa de esa tendencia que actúa de forma transnacional para conseguir sus ambiciones ideológicas- impuso al concepto *neoliberalismo*,[16] haciéndolo sinónimo de desigualdad y abuso. De hecho, políticos y académicos de derecha prefieren a menudo renegar del término, dada la automática e irracional carga negativa que produce.

Segundo, las mediciones respecto a pobreza en Chile gozan de respaldo por su seriedad metodológica. Mediciones como la encuesta CASEN han concluido que el porcentaje de pobreza en Chile fue de 8,7%[17] en 2014, el más bajo en nuestra historia y en la de Latinoamérica. Cabe destacar que las mediciones en pobreza han modificado su metodología haciéndose cada vez más rigurosas. No es lo mismo medir la pobreza en la década de los sesenta que hoy.

---

15. Salazar (2019).
16. Kaiser (2015), p.64.
17. *Emol* (15/01/2019).

No existe evidencia alguna que contradiga que la pobreza en Chile se ha reducido en términos absolutos desde la década de los ochenta. Lo anterior no obedece a una dinámica de fuerzas naturales -basta ver como en Argentina esta fluctúa sobre el 35%- sino que a un crecimiento económico vigoroso y sostenido, junto con políticas públicas responsables y sustentables, ajenas al populismo. Desconocer que este logro no se debió al modelo de libre mercado es renegar de los estudios especializados, nacionales y extranjeros, sobre la materia. Para muchos chilenos, los progresos de las últimas décadas han significado salir de la miseria.[18]

Como la evidencia es irrefutable, sociólogos marxistas han llegado a la conclusión que la pobreza no solo tiene que ver con falta de acceso a bienes materiales. El surgimiento de la denominada *pobreza posmiseria o nueva pobreza*[19] pretende relativizar el éxito del modelo de libre mercado en Chile, sosteniendo que la medición de la pobreza por índices económicos o materiales resulta obsoleta, considerando que es necesaria una alternativa metodológica que se haga cargo de la experiencia de la situación de la pobreza.[20] Sin embargo, a pesar de la legitimidad del uso de nuevas alternativas metodológicas, es un hecho que la pobreza es esencialmente material. La pobreza de alma, sentimientos, talentos y percepciones, difícilmente puede medirse. Si no puede ser cuantificada, entonces resulta casi imposible implementar medidas para mitigar las diferentes carencias: así funciona el mundo real.

Pese a ello, surgieron en los últimos años alternativas metodológicas para intentar medir estas carencias abstractas, tales como la *felicidad* o *infelicidad* en una sociedad. A fines de la década de los noventa, el gobierno de Bután -reino que construyó su

18. PNUD (2017), p. 19.
19. Ruiz (2020), p. 41.
20. Denis y otras (2010), p. 4.

propia versión de lo que en Occidente llamamos democracia- decidió autoproclamarse como *el país más feliz del mundo.* Inventando el llamativo concepto del *Índice Bruto de Felicidad,* Bután decidió arbitrariamente anteponer una supuesta medición de factores abstractos a cálculos empíricos de calidad de vida. La herramienta surgió más bien como una promoción turística de ese país, uno de los raros casos en el mundo donde se debe pagar una visa de US$ 200 diarios por persona para una visita por el día. La estrategia resultó: Bután al menos fue conocido a ojos del público internacional. Cada año más turistas visitan este hermético e interesante Estado ubicado en los Himalayas. Dado el carácter atractivo y novedoso para algunos, la ONU decidió publicar un informe anual en la materia y en 2012 lanzó el *Informe de Felicidad Global* (IFG), que considera variables de los elementos cuantificados en los estudios del Índice de Desarrollo Humano (IDH) del Programa de las Naciones Unidas para el Desarrollo (PNUD): ingreso per cápita, índices demográficos, infraestructura, seguridad ciudadana, acceso a servicios básicos, vivienda, esperanza de vida, escolaridad, entre otros. Tras ello, llegó la mala noticia para el Reino de Bután y los cientos de miles de seguidores de la cultura holística, principalmente en Occidente: el autoproclamado referente mundial de la felicidad en 2019 se ubicó 95 a nivel mundial en el ranking del IFG. Es decir, cuando los butaneses fueron medidos por su nivel de calidad de vida cuantificable, en realidad no tuvieron mucho de qué alegrarse. Bután no es un país de monjes budistas como se pretende publicitar, sino una nación donde viven cerca de un millón de personas que tienen las mismas necesidades y aspiraciones materiales de cualquier ser humano, en este caso, insatisfechas. En el Índice de Desarrollo Humano (IDH) -la medición más precisa existente para comparar el nivel de vida entre los países- Bután obtuvo en 2019 el lugar 134 de 189 países analizados. Es decir, el Reino de los Himalaya está en el grupo de países donde peor se vive en el planeta. El último dato respecto al alguna vez autoproclamado *país más feliz del mundo*: el Reino no ha adherido a la mayor parte de convenciones en materia de Derechos Humanos, recibiendo su gobierno más de cien recomendaciones por parte del Consejo de Derechos Humanos de Naciones Unidas (CDH) y organizaciones internacionales especializadas como *Human Rights Watch*: las críticas a Bután incluyen el encarcelamiento de disidentes políticos, restricciones a la prensa y la asociatividad civil, trabajo infantil, discriminación a inmigrantes nepaleses, entre otras.[21]

De esta manera, no es de extrañar que, según los IFG, de los diez países más felices del mundo, siete son europeos (los otros tres son Australia, Canadá y Nueva Zelandia). Por su parte, entre los diez más infelices figuran Haití, Botsuana, Siria, Malawi y otros. La conclusión fundamental de estos informes ratifica que, a mayor desarrollo económico, mayor felicidad, y mientras más libertad económica existe en un país, más felices sus ciudadanos parecen estar.

En el IFG 2018 Chile figuró en el lugar 25 a nivel mundial, mientras que, en el IDH del mismo año, el PNUD ubicó a nuestro país en el lugar 43, con un Índice de Desarrollo Humano "Muy Alto", siendo el mejor latinoamericano listado. Lo anterior da cierta base para pensar que los chilenos se sienten más felices de lo que realmente sus condiciones de vida marcan, considerando que este último está ubicado a la vanguardia de América Latina, creciendo de forma significativa en las últimas décadas. Ello sugiere al menos una pequeña cuota de duda al *malestar social* que impugna la izquierda en Chile. Al menos según la ONU no estamos tan descontentos como quieren hacernos creer determinados sectores políticos.

---

21. Departamento de Estado, Estados Unidos.

Lo anterior demuestra que la medición de la pobreza continúa siendo material y que otras aproximaciones que buscan crear mediciones abstractas o simbólicas -más allá de su buena voluntad- o son inexactas o extremadamente difíciles de evaluar. Aquí radica una de las principales diferencias entre economistas y sociólogos. El economista asegura que la mejor manera de superar la pobreza es generando mayores recursos. El sociólogo, en cambio, cree que la pobreza se perpetúa en una dimensión simbólica: que el pobre siempre lo será, más allá que viva bajo buenas condiciones materiales, pues siempre habrá alguien más rico o aventajado que él y que eso representa condiciones estructurantes de la vida.[22] Lo anterior permite construir teorías para oponerse a la evidencia de progreso y bienestar que produce el modelo de economía libre, pues, según los expositores de las condiciones abstractas de la pobreza, esta nunca se acabará, por lo que siempre habrá pobres y ricos en una sociedad, perpetuando la confrontación de clases.

Sin embargo, el socialista insistirá que el problema no tiene que ver con cuántos dólares vive al mes una persona, o si cuenta con los bienes materiales básicos en su hogar. El discurso de la izquierda chilena cuestiona el modelo económico imperante, argumentando que el problema ya no es si una familia tiene o no electrodomésticos en su hogar; más le importa el estigma social del barrio donde vive. Muchos sociólogos no comprenden el trascendental avance en la vida de millones de compatriotas, que pasaron de vivir en un campamento a habitar viviendas sociales. Lo anterior no se hizo por arte de magia: fue fruto de un largo proceso de esfuerzo público y privado. Lógicamente, todos queremos que de la vivienda social -que sabemos no es de características palaciegas- se pase a una infraestructura cada vez más cómoda:

22. PNUD (2017), p. 18.

en eso no hay duda. Sin embargo, desacreditar el enorme esfuerzo de esas familias que vivían en la miseria, junto con las políticas públicas responsables y focalizadas, resulta perverso.

Al mismo tiempo, nadie desconoce que una vez superada la miseria -y reubicados los pobres en viviendas de barrios sociales- se dio un proceso de marginalización y estigmatización de amplios sectores urbanos. Aún queda un largo camino por continuar incrementando la calidad de vida de los millones de chilenos que, si bien cuentan con un hogar sólido y con electrodomésticos similares a los existentes en sectores más acomodados, viven en entornos vulnerables.

La delincuencia y el narcotráfico, al igual que la pobreza, son los más urgentes problemas sociales en nuestras ciudades, y no se arreglan a través de un cambio de modelo o de Constitución, o por medio de una redistribución de recursos, sino mediante políticas públicas responsables y sostenibles. La delincuencia es también en gran medida un asunto económico. Existe abundante evidencia de que, a mayor crecimiento, es decir, más y mejores empleos, como asimismo mayores recursos públicos no provenientes de la redistribución, la criminalidad disminuye. Con el 10% aproximado de cesantía que sufre hoy el país, obviamente el crimen surge como alternativa.[23] Mientras haya cesantía, mientras haya porciones de la ciudad controlada por el crimen organizado -debido, en parte, al debilitamiento policial-, creándose bolsones de ingobernabilidad territorial, el Estado fracasa en otra de las razones de su existencia: la seguridad de las personas.

Toda la evidencia demuestra que la pobreza ha caído de manera sistemática y a un ritmo admirable en Chile desde la década de 1980. Claudio Sapelli, economista

23. Raphael y Winter-Ebmer (2001).

de la Universidad Católica, quien a través de su artículo *Desigualdad, Movilidad, Pobreza: necesidad de una política social diferente* -uno de los más minuciosos y categóricos estudios respecto a pobreza e igualdad escritos en nuestro país, curiosamente excluido del debate público por los intelectuales de izquierda-,[24] concluyó que la distribución del ingreso por generaciones o cohortes, ha mejorado sustancialmente.[25] En el siguiente capítulo nos referiremos con más atención a la obra de Sapelli; sin embargo, es imprescindible destacar que el desarrollo económico logrado en Chile -gracias al demonizado sistema de libre mercado- ha constituido la mayor epopeya de movilidad social en nuestra historia. Quienes quieran enterrar el modelo antes deberían comprender que *el malvado sistema capitalista* sacó de la pobreza a más chilenos que nunca en la historia.

24. Kaiser (2015), p.192.

25. Sapelli (2014), p. 65.

2. *El mito de la desigualdad*

Hay dos panes. Usted se come dos. Yo ninguno. Consumo promedio: un pan por persona dijo alguna vez Nicanor Parra. La igualdad es el concepto retórico más poderoso con que cuenta el socialismo. En la búsqueda de la igualdad se han cometido los mayores genocidios en la historia humana: la revolución rusa, su guerra civil, la expansión de la Unión Soviética, la revolución china y los demás conflictos que el socialismo ha generado en defensa de su ideología, con un saldo de decenas de millones de muertos.

Para no entrar en el tupido debate filosófico respecto a la moralidad de la desigualdad, que ha sido objeto de estudio y debate desde las culturas clásicas, es fundamental explicar que la desigualdad -al igual que la pobreza- es una condición natural del ser humano.[26] Fue el cristianismo, con su doctrina individualista de la igualdad moral (no material) entre todos los hombres, el que sentó las bases del liberalismo individualista y dio paso a las sociedades complejas que hoy conocemos.[27]

Las revoluciones liberal-burguesas del siglo XVIII y XIX, ya sea en Inglaterra, Estados Unidos y Francia (aunque esta última terminó en un baño de sangre totalitario con escasa promoción de la libertad), reivindicaron los derechos de igualdad de los ciudadanos ante la ley, rompiendo con la hegemonía de la sociedad estratificada. La obra revolucionaria inspirada en la Ilustración jamás cuestionó

26. Kaiser (2015), p. 167.

27. Kaiser (2015), p. 164.

desigualdades materiales, ni mucho menos la propiedad privada, por el contrario, la fomentó. Surgió el concepto respecto a que la única igualdad compatible con una sociedad de personas libres es la igualdad ante la ley, y nunca fuera de la ley.[28]

Las revoluciones industriales que surgieron en Inglaterra y otros lugares de Europa entre los siglos XVIII y XX, generaron una riqueza y un progreso inédito en la historia de la humanidad. El dominio de las fuerzas naturales a través de herramientas tecnológicas elevó la calidad de vida para siempre. La burguesía, en su dominio de clase que cuenta apenas con un siglo de existencia, ha creado fuerzas productivas más abundantes y grandiosas que todas las generaciones pasadas juntas[29]. Karl Marx y Friedrich Engels reconocen en la referencia anterior que, sin el advenimiento de la burguesía y su espíritu emprendedor, el mundo no hubiera gozado de los avances y riqueza que cuenta hoy. No obstante, la crítica central de la obra es denunciar el enriquecimiento del capital a través de la mano de obra insuficientemente remunerada, lo que denominaron *plusvalía*. Sin la existencia del surgimiento de una *dignidad burguesa,* como postuló McCloskey en su obra *Las Virtudes Burguesas,* no hubiera sido posible alcanzar tan alto grado de desarrollo y riqueza, a través de la valoración de la innovación y el progreso.

La ideología liberal, a través de la explosión de progreso material y riqueza que trajo las revoluciones industriales en todo el mundo, en un período histórico determinado fue cuestionado como inmoral ya que produce desigualdad. No obstante, desde Santo Tomás de Aquino, pasando por una de las obras políticas más influyentes de la historia, *La ética protestante y el espíritu del capitalismo* de Max Weber, ha existido el debate acerca

28. Kaiser (2015), p. 170.

29. Marx y Engels (1975), p. 115.

de la relación entre la moralidad del trabajo y el dinero. Por su parte, McCloskey señala que el primer momento histórico en la crítica al sistema burgués-capitalista llegaría en la década de 1840, en pleno surgimiento de los movimientos románticos-nacionalistas. Según la autora, precisamente los hijos de la clase acomodada comenzaron a formar grupos antiburgueses de bohemios y a quejarse de las virtudes burguesas que los habían nutrido. La aparición de la obra de Hegel, que creó la idea del desarrollo materialista de la historia, sería motivación para los denominados jóvenes hegelianos, entre ellos el propio Marx, además de Strauss, Feuerbach, Bauer, entre otros.

Lo que comenzó como una irritación literaria hacia la vida burguesa, tangible en autores como Stendal, Poe, Flaubert y Dickens, devino en que los hijos de padres burgueses quedaran fascinados con el resurgimiento de una fe secularizada llamada socialismo[30]. No es coincidencia que Marx y Engels hayan vivido en ese periodo, alimentándose intelectualmente de las corrientes filosóficas de su época, para encontrarse. Lo que vendría después es historia por todos sabida. Aquel movimiento filosófico de una generación, que pretendió llenar el vacío que dejaba la creencia religiosa en retirada[31], pidió prestado el materialismo histórico hegeliano; pasamos del socialismo utópico al científico (aunque nunca dejó de ser utópico), la denuncia del capital y la lucha de clases como motor de la historia. No por nada Karl Popper llamó a Hegel el padre del totalitarismo moderno.[32]

Las *virtudes burguesas* debieron enfrentar mayores amenazas en el siglo siguiente. El paso fugaz pero provisorio de la Comuna de París (1871), la victoria del comunismo en Rusia tras la hecatombe de la Gran Guerra, el avance del fascismo

30. McCloskey (2015), p. 31.
31. Rojas (2019), p.22.
32. Popper (1981), p.217.

y nacionalsocialismo, todos enemigos jurados del *decadente* orden liberal-burgués-democrático que juraron derribar. Bien podría pensarse que los pecados del capitalismo han provocado las calamidades del siglo XX: así lo hace la izquierda. El capital vino al mundo, escribió Marx, *chorreando sangre y lodo por todos los poros, desde los pies a la cabeza*. Pienso lo contrario: casi todas las calamidades surgieron como consecuencia de los ataques al capitalismo.[33]

De las denuncias de *explotación* (como si hubiera sido un invento burgués) se pasó a la *liberación* del proletario (quien solo cambió el patrón para quién trabajaba), buscando el control de los medios de producción para permitir la *igualdad* entre los hombres que les dará la felicidad en la tierra, ideal mesiánico de la primera gran religión secularizada, que costó decenas de millones de muertos y la condena al empobrecimiento por generaciones. Como se puede apreciar, el predicamento es el mismo que hace 170 años. El conjunto de valores que configura el discurso socialista resulta invariable: lo único que ha variado han sido las herramientas que ha tomado para sus fines y las causas que ha abrazado. El ala izquierda de la clase educada jamás ha vacilado en su campaña de siglo y medio de desprestigio contra el sistema que hizo posible sus artes y ciencias.[34]

Con el fracaso del socialismo real en 1989 y con el bienestar material alcanzado por una parte considerable de los trabajadores en el mundo, el marxismo se fue quedando con menos batallas que luchar. Sin embargo, el nuevo siglo encontraría nichos de acción frescos para la izquierda, tales como la apropiación de la defensa del medioambiente, la ideología de género y los derechos de las minorías de todo tipo, algo impensable para Trotsky, Lenin y Stalin.

---

33. McCloskey (2015), p. 34.
34. McCloskey (2015), p. 33.

Está empíricamente demostrado que el problema no es la desigualdad, sino que la falta de recursos.[35] Cuando la izquierda cuestiona en su totalidad el llamado *modelo neoliberal* -el cual ya explicaremos que en Chile no es el término correcto, ya que existe en el país una economía social de mercado- *solo trajo progreso para unos pocos*, estamos en presencia de una de las mayores falacias de la retórica socialista. De hecho, una de las tesis principales del libro *El Otro Modelo* señala que hubo una incapacidad de corregir la persistente desigualdad[36]. La destrucción de este mito es una de las tareas fundamentales y más difíciles para quienes creen en la libertad y desean vivir en un país pujante y más rico para todos. Afortunadamente, existe abundante evidencia que demuestra que Chile no es el país desigual que la propaganda socialista denuncia.

Para desenmascarar el mito de la supuesta desigualdad hay que comenzar argumentando a través de dos enunciados que cuentan con evidencia en las ciencias sociales y económicas. Primero, los chilenos nunca habían vivido en mejores condiciones que ahora.[37] Segundo, los chilenos nunca habían tenido una distribución del ingreso sustancialmente más equitativa que las generaciones anteriores, como también menor pobreza y mayor movilidad social.[38] Pero además de la evidencia empírica respecto a la medición del nivel de desarrollo y calidad de vida de los habitantes del país, cabe considerar otro enunciado del tipo filosófico en la discusión: el ser humano es desigual por naturaleza[39].

Ni el *socialismo utópico* de Owen y Fourier ni el régimen norcoreano lograron ni lograrán igualar artificialmente las capacidades individuales. Algunos nacen más

---

35. Kaiser (2015), p. 44.
36. Atria y otros (2013), p. 14.
37. Kaiser (2015), p. 196.
38. Sapelli (2014), p.60.
39. Gay (1987), p. 25.

dotados que otros, más allá de las oportunidades que hayan tenido de acuerdo con su origen. Pero como a la izquierda no le interesa que *estemos todos mejor*, sino que *seamos todos iguales*, los socialistas prefieren coartar las oportunidades de algunos, ya que el privilegio les resulta inmoral. [40] Aquel es el perverso, injusto e indigno trasfondo del llamado *igualitarismo*, o como les gusta decir en Chile a la izquierda, *emparejar la cancha* o *bajar de los patines*. Si empleamos el lugar común que tanto gusta a políticos de todas las tendencias, de *emparejar la cancha*, hay dos opciones para hacerlo. Primero, hay que considerar que todos queremos jugar en una cancha grande, ojalá de perfecto pasto natural. El Chile de hoy sería una cancha hasta la mitad con un verde, tupido y parejo pasto, peinado en bandas verticales y con trazos de líneas perfectas. Al otro lado de la divisoria central, tenemos un tercio con pasto floreciente, pero con algunos baches, piedras y hoyos. Las líneas de pintura parecen ondularse debido a que la superficie no es completamente plana. Finalmente, tenemos el área del arco opuesto, que tiene escaso pasto, mucha tierra, barro y piedras. Las líneas son deformes, irregulares o inexistentes. Tal como venía planificando el Estado chileno hasta aproximadamente 2014, consciente que los recursos para emparejar la cancha no son infinitos, decidió por reparar la parte más dañada de la superficie. Si antes, era dos tercios de tierra y una de pasto, al cabo de algunos años se revirtió a dos tercios de pasto -uno más plano y de mayor calidad que el otro, pero pasto al fin- y un tercio de tierra. En el cabo de un tiempo, la cancha completa, aunque lejos de ser perfecta, estará al menos cubierta de pasto. ¿Qué ofrece la demagogia socialista? Como considera que es injusto que algunos jueguen al fútbol en condiciones diferentes, prometerá realizar un cambio no cosmético sino completo a la cancha. Todos gozarán del mismo pasto de la noche

40. Kaiser (2015), p. 179.

a la mañana, cambiarán los arcos, las redes, etc. Pero para hacerlo, pasarán la retroexcavadora y reconstruirán esa cancha de fútbol desde sus cimientos. Todo el trabajo hecho antes, que permitió tener una cancha con mayor superficie de pasto que de tierra, será olvidado, arrasando la maquinaria con el pasto perfecto que había en una de las áreas. Una vez que la retroexcavadora terminó su trabajo, quedó una enorme explanada de tierra y polvo. Al poco andar, quien prometió una cancha profesional, se quedó sin recursos al habérselas gastado en maquinaria. Como no hay dinero para plantar el pasto, ahora tenemos una gran cancha de tierra, pero perfectamente pareja para todos. Al menos, nos convertiremos en buenos cabeceadores.

Dada la fascinación de la izquierda con el coeficiente de Gini, abordaremos ese índice, lo que nos permitirá demostrar que los socialistas buscan simplificar un estudio que a priori puede parecer afín a su causa, pero que, deteniéndonos en las estadísticas, veremos que son totalmente opuestas a la retórica socialista chilena. Si la gente dedicara unos minutos a comprender el Gini, el mito de la desigualdad en Chile se derrumbaría tan rápido como un castillo de naipes. Después, se argumentará brevemente desde una perspectiva económica y filosófica el por qué los esfuerzos de redistribución en pos de la igualdad resultan no solo injustos, sino que indignos.

Cabe recordar que el relato socialista en Chile creó el mito que nuestro país es uno de los más desiguales del mundo. Sostener dicha versión es simplemente caer en la desinformación o entender equivocadamente una de las evidencias más conocidas, pero al mismo tiempo más manipulables que cuenta el estudio de los indicadores sociales económicos: el coeficiente de Gini. El coeficiente Gini es un índice más complejo que lo que se advierte en el listado de países comparados. Para no entrar en detalle respecto a la composición misma del estudio, cabe aclarar que el indicador cuantifica a través de un coeficiente en términos nominales la brecha de ingreso entre ricos y pobres en una economía; no el ingreso.[41] El Gini no mide nivel de desarrollo (para eso está el IDH) como tampoco hace diferencia en las características socioeconómicas de cada país. Por ejemplo, según el Gini, Kazajistán es más igual que Suiza, lo que no lo hace ser un país donde la gente viva mejor que en la nación centroeuropea. Sin embargo, como en Kazajistán lógicamente hay menos ricos y con menores ingresos que en Suiza, tiene un coeficiente que lo sitúa como más igual. Es decir, la denominada *brecha* suele ser menor en Kazajistán que en Suiza. ¿Hay alguien quien le quepa alguna duda que en términos materiales resulta más preferible crecer en Berna que en Nursultán? Bueno: a la izquierda y su curiosa interpretación del coeficiente Gini, al parecer no le queda tan claro. La izquierda repite como mantra que Chile es uno de los países más desiguales del mundo. Cuando sus activistas ven el listado en *Wikipedia*, con satisfacción observan que, para encontrar a Chile, se debe ir muy abajo, hasta el número 136, disfrutando de la compañía de Ecuador y Zimbabue. Pero no solo eso, la sonrisa del socialista aumenta cuando ve que por sobre Chile, están países como Kenia, Gambia, Congo, Mozambique, Jamaica, Uganda, Malawi, El Salvador e incluso un caso más cercano para el chileno común: Haití. ¿Qué tiene que ver Chile con los anteriores países citados? Absolutamente nada, son incomparables. Pero la retórica socialista ha capitalizado exageradamente instalando, como diría Althusser, otra *idea falsa*. Con ironía, sus activistas de manera en extremo simplista argumentan: ¿cómo es posible que Chile, el *jaguar* de Latinoamérica, el país OCDE, el que *mira en menos* a sus vecinos, tiene una distribución de la riqueza

41. Kaiser (2015), p. 193.

con niveles de países africanos? *¡Una completa bofetada a la soberbia chilena y a los defensores del modelo económico de Pinochet!*

Lamentablemente para la izquierda, el hecho de que en términos nominales Chile tenga un coeficiente de Gini de 0.466 no significa que compartamos algo con los países antes mencionados. Lo que sucede es que los países pobres son pobres precisamente porque carecen de ricos. La explicación puede parecer simplista, pero por ejemplo un Estado como Níger (58 en el listado, con un coeficiente de 0.343) que es uno de los países más pobres y subdesarrollados del planeta, simplemente es una economía más igualitaria porque el 99% de su población vive bajo la pobreza. Así de absurdo es comparar países a través del coeficiente de Gini.

Otro caso, Venezuela. Quizás el país más devastado por el socialismo en la historia figura en el lugar 90 del *ranking de igualdad*. No es de extrañar que, a medida que pasan los años y el país se vuelve cada vez más pobre, los únicos rankings en que Venezuela sube son los de inflación, corrupción y coeficiente Gini. Con la instauración de una Constitución socialista en Chile -cortesía de los movimientos sociales y partidos políticos chilenos- quizás algún día lleguemos a ostentar un Gini como el de la República Bolivariana. Si hay cientos de miles de inmigrantes venezolanos y haitianos en Chile -a pesar de que ambos tienen un coeficiente de Gini más cercano a 0 que el nuestro- habría que plantearse por qué eligieron vivir en nuestro país.

En cuanto a los países OCDE, además de Chile aparecen México, Estados Unidos, Turquía, Lituania, Canadá, Grecia, España, Japón, Israel, Singapur, muy lejos de los puestos de avanzada, estos dos últimos fuera de los primeros 100. Es cierto que Chile aún tiene un largo camino que recorrer para contraer la brecha de ingreso, pero la evidencia demuestra, primero, que el Gini nominal no es un buen indicador, y segundo, que -como se analizará más adelante citando las conclusiones de Sapelli- Chile ha ido sistemáticamente reduciendo su desigualdad y acelerando la movilidad social.

Si al socialista aún le quedaran dudas respecto a lo ya explicado, podría insistir en su argumento de que, si el Gini fuera tan manipulable, ¿por qué los primeros lugares corresponden a países europeos? La explicación está en la historia de esas naciones. Eslovaquia, Eslovenia, Ucrania y República Checa tienen en común el pasado socialista. Los regímenes comunistas destruyeron las elites de esos países, conformando sociedades homogéneas desde el punto de vista socioeconómico. Son repúblicas que, asimismo, heredaron un pesado Estado de Bienestar que igualó a la fuerza a sus habitantes, con los consiguientes efectos macroeconómicos que estos países no han logrado revertir. El cuarto en la lista, Noruega, usualmente lidera todas las mediciones socioeconómicas, mientras que Islandia, pequeña isla nórdica de medio millón de habitantes, conjuga un país de altos ingresos y desarrollo, pero reducida población, lo que lo hace más fácil de redistribuir, como se diría en economía, una torta más pequeña.

Basta con unos minutos de análisis del listado para darse cuenta de que no tiene sentido alguno que se utilice política e ideológicamente el hecho que Belarús sea una sociedad menos desigual que Alemania. Por eso, el coeficiente de Gini es constantemente manipulado. En primer lugar, no fue hecho para ser comparado como si fuera el ranking FIFA o el de Índice de Desarrollo Humano. La comparación solo tiene sentido cuando se analiza la trayectoria histórica del coeficiente de Gini de un país, observando si la desigualdad ha aumentado o retrocedido en el tiempo. Un análisis efectuado con la mejor voluntad puede derivar en un ejercicio que no haga justicia a ninguno de los países comparados, y por tanto genere juicios de valor que deriven en confusión debido a que, en el fondo, el conjunto de datos recolectado no admite comparación alguna.[42]

Es decir, este ejercicio adquiere valor no comparando los países como si fuera una competencia, sino que con el desempeño por separado de cada economía. Si vemos que el Gini se incrementa, estamos mal; si se va acercando a 0, como el caso de Chile, es porque vamos por buen camino. Sin embargo, la izquierda encontró este nicho de comparar los coeficientes de Gini de manera nominal, errónea y dogmática, desinformando a la opinión pública y transformando una malinterpretación en una verdad absoluta y hegemónica, siguiendo la idea *gramsciana*. Según la Cepal, a pesar de que para todos resulta interesante efectuar comparaciones internacionales, es muy frecuente que, en aras de disponer de una amplia base informativa, en los análisis se omita hacer referencia a los procedimientos operativos que están detrás de los indicadores comparados y se actúa como si todas las estimaciones estuvieran generadas con la misma calidad estadística y los métodos de cálculo de la desigualdad provinieran de un algoritmo estándar que garantiza la perfecta comparación entre el conjunto de observaciones estudiadas.[43] La misma Cepal reconoce que los países no tienen una medición estandarizada para medir el Gini; por tanto, es aún más inútil realizar una comparación internacional en la materia. Lo cierto es que la desigualdad en Chile cae a niveles similares al promedio europeo después de las transferencias por parte del Estado, es decir, el gasto social, importantísimo elemento que el Gini no cuantifica. Dicho en otras palabras, la

42. Medina (2001), p.29.

43. Medina (2001), p.29.

desigualdad tan alarmante de la que todo el mundo habla no existe en la realidad, pues la redistribución focalizada la reduce sustancialmente.[44]

El propio Joseph Ramos, economista cercano a los gobiernos de centroizquierda en Chile, aseguró que el *milagro económico chileno* benefició a todos.[45] Expuesto lo anterior, y entendiendo que Ramos se refiere a la implementación del sistema de libre mercado en Chile, cabe preguntarse: ¿dónde está esa desigualdad catastrófica que asegura la izquierda? ¿En el Gini nominal? Ya descubrimos que no. ¿En la desigualdad en términos absolutos? Tampoco, ya que la enorme movilidad social experimentada en Chile a partir de la década de los ochenta creó una clase media predominante. Recordemos lo que dice la Cepal, una de las voces recurrentes en denunciar una desigualdad dramática en el país: *Desde hace casi tres décadas, Chile ha logrado avances en los planos institucional, económico y social, que le han permitido alcanzar mejoras notables en los niveles de bienestar de su población.*[46]

Sin embargo, la antojadiza respuesta del activista de izquierda será usualmente la misma, y ante la falta de estadísticas que respalden su posición, lo mandará a *bajarse de la burbuja de la cota mil y dar una vuelta en su BMW* a las comunas periféricas del oeste y sur de Santiago, *para darse un baño de pobreza y desigualdad.* Evidentemente, el paisaje o la *geografía urbana* como la llamó el PNUD[47] cambiará radicalmente, y todos coincidimos en que hay que duplicar esfuerzos para que una parte más pobre de la ciudad mejore y se integre al resto, poniendo fin a un concepto que regocija a la izquierda, la segregación urbana. Sin embargo, en

44. Kaiser (2015), p. 188.
45. Comisión de Productividad (2016).
46. PNUD (2017), p.7.
47. PNUD (2017), p. 90.

el mundo real, incluso en Estocolmo, la porción acomodada de la ciudad tendrá una considerable diferencia con los vecindarios donde suelen vivir, por ejemplo, los inmigrantes. La solución no es redistribuir o confiscar recursos de un lado para otro, sino que focalizarlos en sectores más necesitados y vulnerables. Pasando la máquina indiscriminadamente por toda la cancha solo generaremos más pobreza.

Ahora bien, en Chile, si medimos la desigualdad de ingresos y no solo a través del coeficiente de Gini nominal, veremos que ha caído de manera sustancial gracias al sistema económico liberal[48]. Las conclusiones de Sapelli son categóricas. Primero: le resulta paradójico que en estos momentos surja, y con tanta fuerza, la propuesta de enfocar los esfuerzos en desigualdad, cuando ella parece estar mejorando sin necesidad de más ayudas que las ya existentes. Segundo: combatir la pobreza e incrementar la movilidad son más importantes que reducir la desigualdad. Tercero: es necesario elegir, sobre todo porque cada peso gastado para mejorar la distribución del ingreso en alguien que no es pobre es un peso menos gastado en alguien que sí es pobre.[49] Finalmente, Sapelli propone que las políticas sociales vuelvan a enfocarse en la superación de la pobreza y no en la clase media, ya que, reduciendo la dependencia del sistema de bienestar social, se evita que estas personas caigan en la "trampa de la pobreza" que generalmente producen los programas de transferencias.[50] Sin embargo, según el investigador, el problema podría estar en los incentivos de la clase política: dotar a la política de mayor impersonalidad y menor discrecionalidad quita poder a los políticos.[51]

---

48. Kaiser (2015), p. 191.
49. Sapelli (2014), p. 75.
50. Sapelli (2014), p. 81.
51. Sapelli (2014), p. 81.

Para finalizar con la discusión sobre el coeficiente de Gini, cabe señalar que ha sido criticado severamente por académicos de las mejores universidades del mundo ya que no mide bienestar material. Al respecto, Ohanian y Hagopian argumentan que el consenso en la literatura económica es que la forma de medir las diferencias reales en calidad de vida es considerando las desigualdades de consumo y no de ingreso.[52]

Lo anterior demuestra que, si una persona o un hogar tiene un ingreso de 100 millones de pesos, contra uno que tenga 1, ambos casos contarán con una vivienda, comerán todos los días, tendrán acceso a servicios básicos, contarán con electrodomésticos quizás de características similares, probablemente ambos cuenten con auto, consumirán servicios similares, etc. Por ende, más allá de abordar la desigualdad como si fuera la diferencia entre manejar un *Jaguar* o un *Toyota*, lo importante es que ambos casos cuentan con auto. Esa es la principal diferencia de las formas en abordar el estudio de la desigualdad. Para los socialistas, resulta inmoral que uno sea dueño en un auto de lujo y el otro tenga una marca económica; por lo tanto, todos deben tener el mismo auto. Un liberal, en cambio, valora el hecho de que una persona que antes no tenía acceso a transporte privado pueda ahora satisfacer esa necesidad, gracias a su desarrollo material, dado por su propio esfuerzo junto al contexto donde se desenvuelve, sin importar si el otro tiene más que yo.

La izquierda reniega, no desde hace muchos años, de uno de los principales hitos sociales en la historia de Chile: el derrumbe de la pobreza. Si haber sacado millones de chilenos de la pobreza (de un 50% en la década de los setenta a un 9% en 2014) no es parte del denominado *milagro económico*, de un modelo de mercado y de un Estado subsidiario (al menos el existente hasta 2014) y no es haber al mismo

52. Kaiser (2015), p. 195.

tiempo reducido la desigualdad, eso es desconocer uno de los casos emblemáticos estudiados en las facultades de Economía en todo el mundo.

El modelo chileno de desarrollo ha sido admirado por el mundo y, quiera o no aceptarlo la izquierda, existe consenso entre los especialistas que se trata de uno de los referentes mundiales en progreso material. Hay escasos ejemplos en el mundo de cómo un país periférico y extractor de materias primas logró en tres décadas derrotar el subdesarrollo y males económicos crónicos, como pobreza e inflación, para dar el salto y ubicarse entre el grupo de cuarenta países más desarrollados y prósperos del mundo, siendo por lejos el referente latinoamericano de desarrollo y bienestar material. ¿Acaso aquello no es destacable y debe tirarse todo por la borda en pos de la igualdad? En el imperio de los autoflagelantes, como diría Patricio Navia, el *descontento* es resultado de nuestro propio éxito como país.[53]

Como un Estado cuenta con recursos limitados para sus programas sociales, bajo la regla que los países serios gastan como máximo menos de la mitad de su PIB en la totalidad del sistema público, incluyendo las transferencias, le es imposible generar políticas públicas universales. Las políticas públicas deben ser viables y sostenibles. Una de las fortalezas del modelo chileno -como dijimos, ejemplo mundial en movilidad social-, ha sido la aplicación de políticas responsables, precisamente sostenibles y alejadas al populismo, al menos hasta 2014. Ello solo es posible a través de la correcta localización de recursos, lo que, en términos de implementación, se llama focalización.

Sabemos que lo que empezó a hacer bien el Estado chileno a partir de la década de los setenta, fue precisamente concentrar la ayuda del Estado en los sectores más vulnerables

53. *El Líbero* (13/12/2019).

de la sociedad. Pero aquel modelo se fue desvaneciendo con mayor notoriedad a partir del segundo gobierno de Michelle Bachelet: aquella administración apostó por incluir vigorosamente a sectores medios en la ayuda social. Lo anterior disparó el gasto social a niveles históricos, pero con una economía que apenas crecía[54]. De aquella manera, la gestión de Bachelet rompió con una tradición de equilibrios macroeconómicos fiscales en Chile, lo que, para lástima de su gobierno, no trajo los réditos políticos buscados, ya que la ciudadanía castigó su mal manejo económico, además de escándalos de corrupción que desprestigiaron a la clase política en su conjunto.

Volviendo a Sapelli, el economista sugiere reinstalar el gasto público focalizado como política de Estado, ya que aquella estrategia fue exitosa y aún lo es según las características del país. El autor parte de la base que la pobreza es una *condición temporal*, por lo que el individuo y su familia, una vez que salió de la pobreza, debe dejar de ser objeto de subsidio por parte del Estado, ya que, de no hacerlo, tendrá consecuencias nocivas tanto para él como para el mercado en su conjunto[55]. Lo anterior se contrapone a la definición simbólica de la pobreza que les gusta a los socialistas, ya que, entendiendo la pobreza como crónica o permanente, resulta imposible salir de ella. De ahí que los recursos deben según ellos, ampliarse a la *clase media vulnerable*, es decir, universal. Nada tiene más rédito político que anunciar rescates a la clase media. Lo que Sapelli propone es un subsidio que promueva al individuo trabajar y no solo recibir dinero del Estado: que la ayuda fiscal sea un complemento a su sueldo. Esta medida se puede complementar con rebajas tributarias, para que el fisco no confisque la misma ayuda que ya dio.[56]

54. Instituto Libertad (2017).
55. Sapelli (2014, p.82.
56. Sapelli (2014), p.78.

El problema es que la izquierda da por hecho que los recursos existen y que son inagotables. El ejercicio de calcular eventuales impuestos considerando el PIB del país, para ver *cuánto las empresas aguantarían*, es ineficiente, errado y perverso. Los 300 mil millones de dólares que son el tamaño de la economía chilena no son un bien raíz estático. Cuántas veces se ha escuchado la descabellada idea de incrementar el *royalty* a la minería -dando por hecho que las grandes empresas seguirán teniendo la misma motivación para invertir y producir, pero con menores ganancias debido a la confiscación por parte del Estado- y así cobrar mayores recursos para programas sociales. Otros connotados ciudadanos, en el contexto de la pandemia de coronavirus, han llamado a incrementar fuertemente el gasto social, ya que el país tiene *espaldas y ahorros. Si no es ahora, cuándo*, han apuntado. Ese mismo raciocinio es el que arruina a los países. Si Chile tuvo una política fiscal responsable por varias décadas, incrementar de un 30 al 50 o 60 por ciento el tamaño del Estado y su deuda sería una medida costosa y un peligroso precedente en materia de déficit fiscal.

Pero la izquierda cree que gran parte de la solución pasa por conseguir recursos internos. Por ejemplo, el delirante clamor del socialismo de seguir gravando a la minería privada en Chile, la cual ya mantiene una enorme carga impositiva; pero a la izquierda radical la idea de que la mayor riqueza de Chile esté en manos privadas le resulta inaceptable. En el mundo real, cuando se gravan fuertemente a las grandes empresas, estas migran a otros países que le ofrezcan condiciones más favorables. Algún tiempo después de la aplicación del *royalty*, esa gran empresa, que generó miles de empleos, cadenas productivas, impuestos, etc., simplemente ya no estará, por lo tanto, el Estado ya no tendrá la misma cantidad de contribuyentes. Es matemática básica: todos pierden.

En definitiva, Sapelli, además de haber demostrado que la desigualdad en Chile va en constante caída desde hace décadas, refuerza la evidencia respecto a que conseguir la ansiada igualdad -que es actualmente el objetivo principal del espíritu social de la izquierda- no es el desafío primordial para lograr una sociedad mejor y más rica en el sentido material para todos, sino que la lucha contra la pobreza y la generación de mayores recursos. [57] Lo anterior fue también argumentado incluso por economistas vinculados a gobiernos de izquierda, como el caso del exministro Andrés Velasco, que, en su libro *Contra la Desigualdad, el Empleo es la clave*, prologado por la propia Presidenta Michelle Bachelet, concluyó: *El origen de la desigualdad está esencialmente en los mercados laborales. La falta de trabajo es la causa central de la desigualdad en Chile. Hasta que las oportunidades de empleo no sean más abundantes, en especial para los más pobres, los esfuerzos por superar la desigualdad casi siempre serán estériles (Velasco y Huneeus).* Incluso una de las obras más citadas respecto al estudio de la desigualdad en Chile señaló que, desde inicios de este siglo, la desigualdad de ingresos medida por la encuesta Casen se ha reducido en el país.[58]

No hay mucho que agregar al respecto. La generación de recursos que argumenta Sapelli implica precisamente la necesidad de contar con más empleo e inversión privada. Si uno de los Ministros de Hacienda más reconocidos de la Concertación llega a la conclusión que el principal obstáculo para superar la desigualdad sea incrementar la oferta de empleo, demuestra que la redistribución y la instauración de un Estado de Bienestar ni siquiera goza de unanimidad en la izquierda, y que uno de sus mayores exponentes en materia

57. Kaiser (2015), p. 195.

58. PNUD (2017), p. 20.

económica ratifica que el principal problema no es la desigualdad, sino que la falta de recursos.

Para que Nicanor Parra se coma todo su pan, tendría que haber entendido que mientras más panes se produzcan, más posibilidades tendrá para comer que antes, algo que debería ser más importante respecto a contar cuanto comió el otro o que haya vecinos que coman aún más que él.

3. Desiguales: ¿una percepción de la desigualdad en Chile?

El libro *Desiguales: Orígenes, cambios y desafíos de la brecha social en Chile*, publicado en 2017 en Santiago por el Programa de las Naciones Unidas para el Desarrollo (PNUD), es un acabado compilado de estudios en base a un trabajo cualitativo y cuantitativo de diversos autores. En la publicación, reconoce *Desiguales*, colaboró el Centro para Estudios del Conflicto y la Cohesión Social (COES), en particular la investigadora de la Universidad de Santiago, doctora Kathya Araujo, socióloga peruana que ha publicado libros como *El miedo a los subordinados*, de la editorial marxista Lom, como también *Hilos Tensados: para leer el octubre chileno*, de la editorial de la USACH. *Desiguales* se transformó en un texto ampliamente estudiado y citado por diversos estudios sobre la desigualdad en Chile, como asimismo por publicaciones que buscan legitimar críticas al modelo no solo económico, sino también político e institucional de nuestro país.

Sin perjuicio del enorme esfuerzo metodológico del libro y de su aporte para contextualizar diversos aspectos económicos y sociales del Chile actual, no deja de tener posiciones contradictorias en su contenido, las cuales han sido citadas a lo largo de estas páginas. A veces elogia el modelo económico chileno implantado durante el gobierno militar, pero al mismo tiempo condena parte de sus consecuencias. En varios capítulos el sesgo ideológico es manifiesto, quedando explícita la crítica de expertos en las ciencias sociales acerca de que el aparato económico heredado de la década de los setenta creó una sociedad desigual.

Desiguales dejó varias conclusiones que merecen ser detenidamente revisadas. Quizás la más determinante fue su perspectiva respecto a que la desigualdad finalmente se trata de una percepción social, la cual se manifiesta de diversas maneras. La condición de desigualdad más denunciada por los estudios del libro no tiene que ver según sus resultados con desigualdades de ingreso, sino que en el trato que percibe la gente, en especial la perteneciente a estratos bajos de la sociedad.

Pero vamos desmenuzando a *Desiguales.* Primero, el libro parte reconociendo que las críticas sobre desigualdad están relacionadas con la aparición del tema en los medios de comunicación. Las palabras destacadas pretenden demostrar los valores que generan un juicio sobre la realidad: *Se ha señalado para otros países que el aumento de percepciones críticas sobre la desigualdad va de la mano con la mayor frecuencia de la aparición del tema en los medios. Si bien en Chile no hay investigación acumulada al respecto, se puede presumir que existe alguna relación.*[59]

Como fuera dicho en la introducción de este texto, en Chile se da la curiosa paradoja en que las grandes empresas dueñas de los medios de comunicación, tienen en sus filas a periodistas de tendencia socialista, que se transformaron en rostros y promotores del *malestar social.* No resulta extraño entonces que la izquierda, en su lenta pero exitosa construcción de una realidad paralela en torno a sus *ideas verdaderas*, fuera desplegando la sensación masiva de la explotación cotidiana que ha ido apareciendo constantemente en los estudios cualitativos de las últimas décadas.[60] He ahí la colaboración mediática que la hegemonía gramsciana necesita para expandirse. Tal como lo reconoce *Des-*

59. PNUD (2017), p. 230.
60. Ciper (08/11/2019).

iguales, los medios de comunicación habrían hecho su parte para aumentar las percepciones sociales críticas. Aquel proceso hizo ebullición en octubre de 2019.

Por otra parte, para la izquierda era necesario crear un relato sobre el abuso generalizado. Pero resulta evidente que existió colusión y abusos por parte de empresas, que fueron de público conocimiento (con lógica y justa indignación generalizada) durante la última década. De hecho, *Desiguales* menciona varios casos (colusión de las farmacias, productoras de pollo y papel higiénico). Pero la lista es más larga. Hubo colusión de empresas de buses interurbanos, consultas médicas y pañales. Otro caso polémico fue el de la tienda de *retail La Polar*, que incrementaba el cobro de intereses a sus clientes a través de repactaciones unilaterales. La indignación en el país fue transversal, especialmente porque afectó a clientes de medio y bajo estrato socioeconómico.

Si los escándalos señalados y otros causan tanta conmoción es porque son más bien la excepción a la regla general en un mercado, aunque la impresión popular a veces sea la contraria. Nuestra expectativa y nuestro estándar es la honestidad y cuando esta se ve defraudada nos indignamos y exigimos sanción para los responsables[61]. A modo de ejemplo, tanto *La Polar* como su gerente general fueron procesados por la justicia. Sus responsables debieron pagar millonarias multas y a los clientes les fue reintegrado lo pagado. La empresa perdió incalculable capital debido a la perjudicial imagen que inescrupulosos gerentes decidieron tomar. Hubo no solo sanciones morales para *La Polar*, sino también legales. Lo mismo sucedió con las cadenas de farmacias, fabricantes de papel higiénico, entre otros.

61. Kaiser (2015), p. 51.

De este modo, es parte de la ficción montada por la izquierda el que no haya justicia respecto de las estafas: sí la hay.

No por el hecho de que hayan existido o continúen existiendo abusos por parte de privados, quiere decir que todo el sistema económico e institucional del país esté coludido contra la sociedad y los más vulnerables: ello sería no solo injusto con la gran mayoría de los empresarios honestos (pequeños, medianos y grandes) sino que caer en la desinformación absoluta. Pero la narrativa de izquierda logró generalizar exitosamente en el subconsciente colectivo la percepción que el sistema es abusivo, corrupto e inmisericorde con los débiles, pero generoso con los poderosos. Según Revel, basta observar un defecto en una sociedad libre para condenar totalmente el liberalismo como sistema de organización económica y social.[62] Lo que denunció el filósofo francés forma parte de las columnas de la campaña hegemónica socialista que ha sido puesto en práctica no solo aquí, sino que desde hace un siglo por el comunismo internacional.

Como dijo Joseph Ramos al ser consultado por la revista *América Economía* respecto al permanente llamado de la izquierda a derribar el modelo económico y político del país: *Yo creo que hoy hay mucha ignorancia en la crítica al sistema económico chileno, y quizás la palabra ignorancia es fuerte... No sé por qué a alguien que tiene 25 años le tiene que interesar cómo era la situación económica en 1990, pero quizás intelectualmente sí le debiera interesar, si es que está haciendo una crítica sobre si el país ha progresado o no. Es muy importante ver todo lo que se avanzó y ver todo lo que queda por hacer.*[63]

62. Kaiser (2015), p. 209.
63. América Economía (17/12/2019).

Sea desinformación o ignorancia, lo cierto es que la retórica socialista ha sacado provecho de aquello. La tarea es simple cuando se quiere desprestigiar al sistema en su conjunto a través de un set de valores morales, prometiendo una vez más el paraíso terrenal a través de un cambio de constitución y derribar el *sistema imperante*. Pero cosa muy distinta es cuando se debe explicar a la opinión pública respecto a qué pasaría con el país y sus propias vidas si ese conjunto de valores y demandas sociales son puestas en práctica. La competencia es desleal. Profundizando en la conclusión sobre desigualdad propuestas por *Desiguales*, las que no calzan con el discurso de la izquierda en Chile respecto a que la desigualdad de ingresos resulta inaceptable, el libro dice: *Más allá de si las personas son conscientes de las brechas de salarios, y más allá de si les molesta o no el puro hecho que existan diferencias, perciben la desigualdad por el trato que reciben en la calle, en los hospitales, en el comercio y en los servicios públicos.*[64] Y continuó: E*stos juicios están anclados en una conversación en que gran parte de los participantes expresó que su principal molestia no era que algunas personas ganaran más que otras. Es decir, se daba por supuesto que podía haber diferencias de ingresos, pero en ningún caso implicaban una justificación al menoscabo o cualquier forma de discriminación o trato denigrante.*[65]

Claramente al leer los planteamientos de *Desiguales*, reconocido en el medio local como una de las investigaciones más profundas y minuciosas respecto sobre desigualdad en los últimos años (lo que no reconoce parte importante de la opinión pública respecto del trabajo del profesor Claudio Sapelli) existe una notoria disociación y falta de claridad en las demandas sobre desigualdad denunciadas por los planteamientos socialistas en Chile. Seguramente los activistas de izquierda

64. PNUD (2017), p. 234.
65. PNUD (2017), p. 235.

y sus seguidores tendrían un problema con las diferencias de ingreso, aunque *Desiguales* cuente con la evidencia metodológica. ¿Acaso para la izquierda radical será *Desiguales* un instrumento de propaganda burguesa? *Desiguales* afirma que la mayoría de los entrevistados chilenos no siente intolerancia respecto a las *escandalosas* brechas de ingreso que condena la *calle*:

En los grupos de discusión y entrevistas se evidencia un sentimiento de injusticia que emerge por el contraste entre ambos mundos, así como por la idea que bienes públicos como la educación o la salud debiesen estar garantizados por el Estado. (...) Sentirse inseguro en aspectos que solo unos pocos tienen asegurados deriva en un profundo sentimiento de injusticia, que está en el centro de la crítica a la desigualdad social.[66] *Según Desiguales, los chilenos opinan que: Tomando en cuenta la última medición (encuesta COES, 2014) en Chile se considera que el directivo de una empresa debiese ganar 13,3 veces más que un obrero, mientras que en Suecia se cree que debiese ganar solo 2,3 veces más.*[67] *El estudio concluye lo siguiente: Se examinaron haciendo uso de abundante evidencia empírica, los elementos culturales que sustentan hoy en Chile tanto los juicios críticos sobre la desigualdad en algunos ámbitos como lo que subyace a la tolerancia a la desigualdad económica.*[68]

Concluyendo sobre las propuestas de *Desiguales,* se puede apreciar que un acabado estudio sociológico como el analizado arrojó como resultado que la desigualdad en Chile es reconocida como un conjunto de sentimientos, percepciones y juicios, en que la brecha de ingresos no es un asunto prioritario: lo que realmente le importa a la gente es no sentirse menoscabada debido a su origen o posición social. Asimismo,

66. PNUD (2017), p. 240.
67. PNUD (2017), p.243.
68. PNUD (2017), p.251.

el estudio señala que los consultados valoran el principio de meritocracia, en el cual el esfuerzo personal valida la movilidad social. *Desiguales* nos grafica que el chileno tolera las inequidades salariales, y que de hecho las valora, como vimos con el ejemplo de las diferencias de salario entre el médico y el obrero. Aunque la izquierda no concuerde, el chileno promedio -según los expertos que colaboraron con el libro del PNUD- no tiene nada en contra de que existan diferencias salariales exponenciales, siempre y cuando exista mérito de por medio.

De acuerdo con lo anterior, los chilenos creen en el progreso personal: en que el sacrificio y trabajo duro es y debe ser recompensado por medio de ingresos suficientes y que correspondan a su aporte en la sociedad. El problema no es entonces el mercado ni el capitalismo. De hecho, si viviéramos en un sistema socialista, donde los incentivos para producir fueran escasos, la meritocracia sería directamente proporcional. Pero los *antimeritocráticos* y defensores del igualitarismo, dirán que el principio meritocrático estigmatiza a aquellos que no surgieron, fomenta los estereotipos e invisibiliza las causas estructurales de la desigualdad.[69]

69. PNUD (2017), p. 253.

4. Nación desigual: una mirada histórica

Historiadores marxistas aseguran que Chile siempre ha sido un país sumamente desigual. Incluso fechan el inicio de la era que echó las bases de la desigualdad crónica en Chile: 12 de febrero de 1541, es decir, la fundación de la ciudad de Santiago. Autores como Gabriel Salazar argumentan que la Conquista y el posterior sistema colonial construyeron la base de una sociedad desigual basada en la raza y clase. Es decir, los descendientes de los conquistadores españoles, dueños de la administración colonial y las tierras, explotaron a la masa pobre, en su mayoría mestiza -lo que Gabriel Salazar llama el *bajo pueblo*-,[70] a través del sistema de la hacienda (inquilinaje y peonaje).

La Independencia mantuvo las relaciones sociales, perpetuando la dinámica heredada de la colonia a través del rígido sistema de castas. El poder total se concentró en una aristocracia terrateniente, unida por lazos familiares: los *dueños de Chile*.[71] La masiva llegada de inmigrantes europeos, especialmente en el siglo XIX, quienes se integraron a las esferas del poder -como asimismo cimentaron una futura vigorosa clase media-, conformó lo que se entiende por oligarquía.[72]

Salazar y muchos otros historiadores marxistas chilenos tenían completa razón. La evidencia histórica es irrefutable, ya que de hecho fue descrita por historiadores del siglo XIX como Barros Arana, Bulnes, Vicuña Mackenna,

70. Salazar (2020), p.13.

71. Salazar (2019).

72. Salazar (2019).

Amunátegui, Edwards, entre otros. La sociedad chilena nació siendo profundamente desigual, precisamente por las condiciones históricas señaladas en el párrafo anterior. Pero lo mismo puede decirse de casi todas las sociedades en el mundo, especialmente en Europa. ¿Acaso en el siglo XVIII en el *Viejo Mundo* no había una clase aristocrática que basaba su poder en el control de la tierra, ejerciendo total poder contra los siervos, campesinos que hasta antes de su liberación en el siglo XIX vivían en condiciones de semiesclavitud?

Bajo el anterior concepto, Chile no era ninguna excepción a la regla ni en Europa ni en América Latina. El vasallaje fue un sistema social que llegó a su fin gracias a las revoluciones liberales que surgieron primero en Inglaterra para luego propagarse por el continente europeo entre los siglos XVII y XIX. De hecho, por ejemplo, la servidumbre tuvo su fin en Rusia en 1861, cuando el zar Alejandro II la abolió. Antes de eso, la mayor parte de las sociedades vivían bajo los arcaicos sistemas sociales heredados del feudalismo. La población era mayoritariamente rural, viviendo en condiciones miserables y bajo una dramática vulnerabilidad que mantenía tasas de mortandad altísimas. Seguramente, un campesino chileno -gracias a un clima más benévolo que permitía mejores cosechas y con una situación política estable que lo mantenía alejado de las guerras por causas políticas y religiosas- vivía algo mejor y de manera más pacifica que su par europeo. Abusos, maltrato, pobreza, enfermedades, guerras y hambrunas, era la regla general en todo el mundo para las clases no privilegiadas.

Pero la idea que se ha ido instalando en la discusión pública, respecto de que la economía social de mercado implementada en Chile durante el régimen militar es la causa de la desigualdad, contraviene las mismas evidencias históricas que denuncian los historiadores, especialmente los marxistas. Esa nueva *falsa verdad* instalada por la izquierda, que propone que a*ntes del neoliberalismo Chile era un país más feliz*, las personas eran solidarias y se reconocían entre sí en su condición de igualdad de ciudadanos[73] es una absurda falsedad histórica que ni siquiera alcanza para mito. Chile siempre ha sido un país desigual, incluso durante el régimen socialista de la UP.[74] Como sabemos, Sapelli fue el único que se dio el trabajo de comparar los índices históricos de desigualdad del país, llegando a la conclusión de que, si bien se mantiene una caída paulatina de la desigualdad en Chile a lo largo de su historia, esta agudiza su descenso durante los años del gobierno militar. En definitiva, la introducción del libre mercado y la creación de un Estado subsidiario impulsaron una caída sistemática de la desigualdad. Ello destruye otro mito de la retórica socialista.

Como bien suele argumentar Salazar, los chilenos han vivido bajo una constante violencia que en algunos episodios *revienta socialmente*. Argumentan, con razón, que Chile nació bajo un régimen de ocupación. Si se observa a lo largo de la historia, la nación chilena, constituida como existe consenso, desde la segunda mitad del siglo XVI en adelante, vivió bajo constantemente amenazas. Ya sea en la Guerra de Conquista defendiéndose de las incursiones indígenas, los desastres naturales, las guerras contra los vecinos, y las luchas intestinas, los chilenos de manera cíclica debieron constituirse como una nación preparada para la calamidad, forjando una sociedad distinta a la de sus vecinos, aunque esto último desagrade a los historiadores de izquierda.

73. Kaiser (2015), p. 37.

74. Kaiser (2015), p. 190.

Recién la proclamación de la República Conservadora (1830) logró sentar las bases de un Estado viable, con sentido y futuro. *El peso de la noche*, como algunos historiadores prefieren denominar la política de orden portaliano, fundó -les guste o no- las bases de una institucionalidad que dio a Chile orden, consolidándose como un Estado-nación, con una expansión comercial significativa.[75] No obstante lo anterior, las luchas internas no desaparecieron en el país, tocando fondo en la crisis de 1891 que derivó en la mayor tragedia de la historia de Chile, la Guerra Civil. La convulsionada historia del siglo venidero extralimita al presente texto. Sin embargo, cabe señalar que las crisis sociales y políticas se multiplicarían, dado el amplio abanico de modelos políticos y económicos que el país ensayó desde 1925, tocando fondo de nuevo en 1970. Entonces, el actual modelo económico y político no nos ha hecho menos cívicos o más individualistas, como la izquierda suele decir. No existe evidencia que respalde esa tesis. Jamás en nuestra historia existió ese vergel de amistad cívica.[76]

En conclusión, se puede advertir que existe una incoherencia en los conceptos presentados por la izquierda para presentar las causas de la desigualdad dramática que según ellos existe en Chile. Algunos apuntan a la existencia del modelo *neo-liberal* implantado por el gobierno militar como causante de la desigualdad. Sin embargo, sus propios historiadores coinciden en que la desigualdad existente es tan antigua como la nación misma. Incluso, uno de los estudios más acabados sobre desigualdad en Chile, lo reconoce: *La concentración de la riqueza: siempre ha existido un segmento relativamente pequeño de la población que ha concentrado un porcentaje significativo de los ingresos y de la propiedad. Claro está que han ido cambiando las*

75. Foresti y otros (1999), p. 50.

76. Kaiser (2015), p.36.

identidades de las familias de mayor fortuna y las fuentes de su riqueza, acorde a las fases del desarrollo productivo, los escenarios externos y los regímenes políticos.[77]

Los historiadores marxistas chilenos han sido muy prolíficos a la hora de publicar respecto a las desigualdades del Chile colonial, o con especial énfasis, la *cuestión social* surgida durante la denominada *Belle Époque chilena* -el período desde la Guerra del Pacífico hasta la Primera Guerra Mundial- en la que surgieron los movimientos obreros nacionales. Sin embargo, el catálogo de libros académicos disminuye al momento de referirse al proceso de mayor movilidad social que existió en Chile, el cual como sabemos, tuvo lugar desde la década de los ochenta, bajo un sistema de economía social de mercado, una constitución aprobada popularmente que estableció un Estado subsidiario y bajo un régimen militar que limitó su poder a través del referéndum. No por nada, todos los gobiernos socialdemócratas desde la transición mantuvieron el modelo económico heredado, ya que, no siendo cercano ese modelo a su orientación ideológica, entendieron que era el camino adecuado para el desarrollo de Chile. Fue lo que Tomás Moulian llamó como *transformismo.*[78] De lo anterior existe abundante literatura.

77. PNUD (2017), p. 357.

78. Moulian (1997), p. 4.

5. *Hacia un Estado de Bienestar fracasado*

Los graves desórdenes y actos de terrorismo subversivo ocurridos en octubre de 2019 en Chile apuntaban en una dirección: destruir el orden establecido, con la finalidad de forzar la dimisión del gobierno, debilitar la institucionalidad e instaurar un orden político socialista de acuerdo con la doctrina marxista. Luego del advenimiento de una izquierda radicalizada en el poder, ya sea de manera institucional o fuera de esta, para derribar el orden actual, el paso necesario sería cambiar el ordenamiento jurídico-institucional del Estado, es decir, la Constitución.

Como sabemos, la izquierda fue exitosa en ese objetivo. De aprobarse vía referéndum la derogación de la Constitución de 1980, su sucesora creará las bases jurídicas para transformar al fisco en un prestador universal de servicios, de acuerdo con las demandas manifestadas por parte de la ciudadanía. Lo anterior permitirá al proyecto político de la izquierda - en virtud de su afán inspirado por valores igualitaristas- ejecutar lo que en términos generales se conoce como *demandas y derechos sociales.* Ya nos referiremos a los denominados *derechos sociales*, y cómo aquellos -pese a su positiva connotación- terminan siendo una trampa de pobreza, agudizan el control estatal sobre los individuos y atentan contra la libertad. Es lo que se conoce como Estado de Bienestar.

El populismo ha sido uno de los principales males que ha frenado el desarrollo de Latinoamérica y es señalado en el primer mundo como una de las amenazas a la democracia y a la economía. Hemos visto en innumerables ocasiones en la historia cómo la izquierda enarbola y se apropia de causas sociales con propósitos electorales, para reforzar su apetito de poder. En el mundo ideal, no existe duda alguna de que todos queremos las mejores condiciones de vida posible para nuestras sociedades, pero en el mundo real, aquel bienestar debe pagarse. El problema es que la izquierda, con tal de salir electa e implantar su ideología, no se preocupa de la mayoría de los casos en diseñar un proyecto económicamente viable. El rédito político debe ser instantáneo y fulminante.

La izquierda no sabe exactamente cómo financiar su proyecto de Estado de Bienestar, modelo que se encuentra en proceso de reconfiguración o más bien desaparición en el mundo, principalmente debido a su inviabilidad económica. De esa manera, un grupo importante del país quisiera tirar todo por la borda para volver a recetas estatistas y socialistas, cuyo fracaso nadie pone en duda fuera de América Latina.[79] Para no entrar en la historia y características del Estado de Bienestar, del cual existe abundante bibliografía, es preciso señalar que en Chile, según la Constitución aún vigente, existe un *Estado subsidiario*, el cual limita la acción del Estado sobre el mercado y la propiedad privada, pero al mismo tiempo involucra al fisco como garante y proveedor de servicios de carácter social, como salud y educación gratuitas y universales.

El discurso socialista ha vulgarizado en la opinión pública el concepto de *Estado subsidiario,* sin saber lo que realmente es. El principio de subsidiariedad ha sido estigmatizado como sinónimo de un Estado ausente e insensible, que escatima gastos para atender las necesidades sociales. Nada más alejado de la realidad. El concepto central desde el punto de vista filosófico del Estado subsidiario representa

79. Kaiser (2015), p.15.

el mayor valor de una sociedad realmente libre, ya que este principio defiende la iniciativa personal, la creatividad, el esfuerzo y, sobre todo, uno de los derechos fundamentales intrínsecos a la dignidad humana: la propiedad privada. Un Estado que no acepta la subsidiariedad pretendiendo intervenir en la mayor cantidad de ámbitos posibles, incluyendo la economía, está condenando a su sociedad a la mediocridad y privando de libertad a sus ciudadanos.

No obstante, es evidente que, a partir de la segunda mitad de la presente década, ha sido considerable el incremento del Estado y sus transferencias; por tanto, se puede decir que en la práctica ya no existe el Estado subsidiario consagrado en la Constitución Política de la República. Ello contrasta con la enorme cantidad de desinformación que propaga la izquierda, que tacha a la Constitución de *neoliberal*.

En primer lugar, para cualquiera que haya alguna vez leído el texto, no va a encontrar la palabra *neoliberal* en ninguna parte. Segundo, como sabemos, la izquierda históricamente ha demonizado el término *neoliberal*: en Chile no existe *neoliberalismo*, que solo se encuentra en los libros y aulas de clase en las escuelas de economía, ya que se trata de una teoría de las ciencias económicas. El modelo económico chileno se adecúa mucho más a una economía social de mercado.[80]

La izquierda en su totalidad -políticos, intelectuales, periodistas y dirigentes sindicales y de movimientos sociales- ha exigido que el Estado chileno se haga cargo de un elevado número de servicios. Las necesidades son de público y transversal conocimiento, no así las soluciones. La lista de demandas por *derechos sociales* es cada vez más amplia, pero no se ha visto ningún referente de la izquierda explicar cómo se financian seriamente aquellos derechos, entendiendo

80. Kaiser (2015), p. 65.

que no generen un daño irrecuperable al motor de desarrollo del país: el crecimiento económico.

La solución no se ha encontrado en Chile ni en el mundo. Las únicas formas de financiar aquellas demandas sociales son dos: recaudando fondos mediante incremento de impuestos o endeudando al Estado. Lo que la demagogia populista llama *un Estado más presente* es una alegoría del resurgimiento en gloria y majestad del Estado de Bienestar chileno, versión siglo veintiuno.

Hoy vivimos bajo una verdadera *tiranía de la igualdad* que nadie puede osar desafiar en sus fundamentos sin ser condenado como un inmoral, egoísta o desalmado. Esta tiranía se está convirtiendo en realidad institucional mediante reformas concretas que están socavando nuestras libertades y condenando al país a un camino de mediocridad y miseria que será muy difícil de revertir.[81] Lo dijo Axel Kaiser hace más de una década: *Chile está al borde de cometer una de las mayores estupideces de su historia.*

El derribo final del mal llamado por los activistas de izquierda *modelo neoliberal*, no tiene otro objeto que convertir a Chile en un Estado de Bienestar. No hay otra forma que lo anterior para financiar los derechos sociales que clama el pueblo.

La discusión filosófica puede ser tan irreconciliable como interminable. El principal valor que el liberalismo defiende es el derecho del individuo a buscar su propio camino a la felicidad, ya que la libertad y el respeto de aquella es elemento fundamental de la dignidad humana. El principio básico de la filosofía liberal, según Immanuel Kant, es que cada individuo pueda buscar su felicidad por el ca-

81. Kaiser (2015), p. 15.

mino que mejor le parezca, siempre que no coarte la libertad de otros para aspirar a un fin semejante que sea consistente con la libertad de cualquier otro, según la ley universal posible.[82]

En cuanto a la igualdad, este no es un principio inventado por el marxismo, sino que como ya revisamos, se popularizó con el surgimiento de la filosofía liberal-burguesa. Anterior a aquello, el mundo era infinitamente más pobre y desigual, con sociedades estratificadas desde el nacimiento hasta la muerte del individuo. Pero el sentido de igualdad impulsado por la Ilustración y sus revoluciones en Europa y América fue siempre social, nunca material. El respeto a la propiedad privada es parte integral de la dignidad humana. Dado que la doctrina liberal condenó la existencia de la posesión entre los hombres, es decir la esclavitud, de igual manera confirió vital importancia al respeto de la posesión material de cada individuo. Sin un respeto por el derecho de la propiedad, no puede haber ni libertad ni orden civilizado.[83]

El liberal defiende el mercado -ya que como postuló Jean Gustave Courcelle-Seneuil, quizás el padre del liberalismo chileno- es una *fuente civilizadora*. Por su parte, para los socialistas, el mercado no es más que una relación instrumental entre los individuos, un juego de suma cero donde dos individuos que no tienen intereses comunes, se relacionan, cada uno intentando obtener el mayor provecho posible del otro.[84] La inviabilidad de una sociedad con escaso o nulo mercado es una discusión que ya fue zanjada por la historia: no existe proyecto político alguno con un mínimo de seriedad, ni siquiera en la izquierda más radical, que pretenda suprimir completamente el mercado, ni siquiera ocurre en la Venezuela bolivariana. Sin embargo, el

82. Kaiser (2015), p. 104.
83. Kaiser (2015), p. 71.
84. Kaiser (2015), p. 60.

debate existente tiene que ver con el rol del Estado como empresario, confiscador y prestador de servicios.

Como el Estado se financia en gran medida a través de impuestos, la única manera de obtenerlos es gravando a las personas jurídicas o naturales. Hay unanimidad que el Estado, para existir, debe financiarse a través de tributos; pero el debate ideológico se traspasa a este elemento técnico tributario no menor, el cual hará una enorme diferencia entre un país que considera al crecimiento como motor de la economía y bienestar, frente a otro que prefiere gastar sus recursos en entregar de manera inmediata -pero difícilmente sostenible- prestaciones sociales a sus habitantes.

La izquierda suele confundir la existencia de la desigualdad con la necesidad de redistribuir riqueza. Dado que para el socialista le resulta inmoral que existan ciudadanos que puedan acceder a servicios básicos o vitales -como mejor salud, educación y vivienda- de mayor calidad, por el hecho de contar con los recursos para hacerlo de manera privada, sostiene que aquellos servicios deben ser proveídos universalmente a través de un nivel estandarizado de calidad, sin diferencias entre aquellos que puedan pagarlo o no. Bajo aquella lógica, el único actor que puede proveer de aquellos servicios es el Estado, y aquel cuenta con el monopolio para recolectar los recursos necesarios para su existencia a través de impuestos. Es decir, el único ente capaz de confiscar legalmente todos los recursos producidos a través del trabajo o esfuerzo individual es el Estado. Aunque para los liberales más ortodoxos la idea de confiscación genere rechazo, en el mundo real son necesarios, ya que coincidimos en la necesidad de la existencia del Estado. El debate está en hasta qué límite el fisco tiene derecho a confiscar el fruto del trabajo individual, y de qué manera esos recursos serán invertidos.

Existe unanimidad en que los impuestos son necesarios, pero al mismo tiempo son un arma de doble filo, ya que pueden generar pobreza. Interesante resulta esta dicotomía sobre cómo la riqueza puede producir pobreza. El discurso de izquierda tiende a ver en los empresarios y sectores acomodados -lo que entienden por *elite*- un campo fértil e inagotable para recolectar impuestos. En Chile se ha podido constatar cómo ha surgido en el discurso de la izquierda la necesidad de *gravar a los ricos* simplemente por el hecho de serlo. Según ese recurrente e irresponsable predicamento, cuantiosos recursos serían traspasados al fisco, para estos ser redistribuidos a sus habitantes de manera igualitaria. La única diferencia con el robo es que se hace de manera institucional, a través de un incremento tributario -usualmente progresivo, con la excusa de proteger a los pequeños empresarios- dando un manto de legalidad a la confiscación. El objetivo es aumentar la carga impositiva a los grandes empresarios y corporaciones, "*los dueños de Chile*" *que se han enriquecido abusando del pueblo, amparados en el modelo neoliberal.*

Axel Kaiser realizó un interesante ejercicio respecto a este asunto, el cual consistió en sumar el patrimonio de las diez familias más ricas de Chile, listadas en el ranking de la revista Forbes, acumulando un total de 31.500 millones de dólares (el 10% del PIB del país aproximadamente). El ejemplo buscó demostrar que si se confiscara toda esa riqueza (de los denominados *dueños de Chile*) apenas cubriría la mitad del presupuesto anual del Estado.[85] El caso comprobó de manera muy simple pero reveladora que, si se confiscara a los más ricos la totalidad de su patrimonio, el fisco dispondría de seis meses para cubrir sus necesidades. Los otros diez magnates en la lista, con un patrimonio muchísimo menor a los primeros,

85. *Axel Kaiser - Mito 10 Familias más Ricas de Chile* (17/04/2017), video. Disponible en YouTube.

aportarían cada vez menos, y así sucesivamente, hasta que el Estado se quedaría sin grandes fortunas que confiscar. Lo anterior derrumba otro mito del socialismo, demostrando que la solución no se encuentra a través de reformas tributarias que incrementen los impuestos a los grupos que concentran la riqueza. Asimismo, permite graficar que es una falacia que Chile pertenece a una oligarquía. El tan recurrente eslogan de los dueños de Chile no tiene asidero en la realidad.

El mismo discurso existió en el Chile de inicios de la década de los setenta. La expropiación de la banca, las empresas, los latifundios, nuevamente *los dueños de Chile, quienes se enriquecieron abusando del pueblo, amparados en el sistema social de la Hacienda*. Los resultados son conocidos por todos. La ceguera producida por el materialismo dialéctico criollo impide ver a la izquierda al empresariado como un aliado. Ideológicamente el capitalista es su enemigo, a quien se le debe confiscar los medios de producción para destruir su poder. El problema es que, en el mundo real, sin empresarios, no hay mercado, y sin mercado, no hay empresas a quienes gravar. Cuando un inversor no encuentra las condiciones necesarias para desarrollarse y lucrar, simplemente liquida su presencia en el país, retirándose con todas las consecuencias que ello conlleva. No hay que ser economista para entender los profundos daños económicos que genera esa política.

Pero hay mucha gente que no lo tiene claro. Uno de ellos es el excandidato presidencial Eduardo Artés, quien, en un debate televisivo previo a las elecciones de 2017, presentó en el programa de su partido de ultraizquierda *Unión Patriótica* la expropiación de todas las empresas que se dediquen a la explotación de recursos naturales, como asimismo la totalidad del mercado de capitales. El moderador del debate, visiblemente incrédulo con lo que decía su contraparte, le pidió contestar de dónde pretendía sacar los recursos para ejecutar tal radical programa de expropiaciones. El candidato no solo no fue capaz de dar una respuesta -considerando que su programa nunca consideró una adquisición legal de empresas por parte del Estado- sino que se limitó a asegurar que, de ser elegido, su gobierno tendría tal respaldo popular, que no necesitaría del Parlamento ni de las leyes para gobernar. No le haría más falta que la movilización callejera, por lo tanto, no habría compensación para las expropiaciones.

Para muchos, la intervención de Artés pasaría a la historia como uno de los momentos televisivos delirantes de un candidato poco serio, con propuestas que parecían una tomadura de pelo para una audiencia que pretendía votar informada. Pero lo que Artés anunció a través de una retórica rudimentaria, tenía asidero histórico. Lo que en 2017 parecía un argumento de colegial respecto a su proyecto de *refundación de Chile*, cerca de cincuenta años antes era una realidad. En noviembre de 1971, ante un Estadio Nacional repleto, el Presidente Salvador Allende exclamó:

El pueblo de Chile ha recuperado lo que le pertenece. Ha recuperado sus riquezas básicas de manos del capital extranjero. Ha derrotado los monopolios pertenecientes a la oligarquía. Controlamos el 90% de lo que fuera la banca privada (...) más de setenta empresas monopólicas y estratégicas han sido expropiadas, intervenidas, requisadas o estatizadas. Somos dueños, podemos decir: nuestro cobre, nuestro carbón, nuestro salitre, nuestro acero: las bases fundamentales de la economía pesada son hoy de Chile y los chilenos, y hemos acentuado y profundizado el proceso de reforma agraria: mil trescientos predios de gran extensión, dos millones cuatrocientas mil hectáreas han sido expropiadas. [86]

86. Winn (2013), p. 72.

Como es sabido, el programa de expropiaciones de la UP contempló -al menos en sus primeros meses en el gobierno- el pago de compensaciones a privados conforme a la ley. Sin embargo, el gobierno, sobrepasado por la presión de las movilizaciones sindicales y de grupos revolucionarios afines, confiscó empresas otorgándoles poca o nula compensación, amparado en decretos que facultaban al Ejecutivo para intervenir en el manejo de las empresas privadas cuando la producción estuviese amenazada o cuando hubiera un conflicto de trabajo no resuelto.[87] Bastaba que los sindicatos de obreros detuvieran la fábrica para obligar la intervención del gobierno y decretar su posterior expropiación. Quienes creíamos que lo propuesto por Artés era ridículo e impracticable en el Chile de 2017, tres años después no parece ser tan descabellado con un cambio constitucional que podría revivir fantasmas que dimos por superados hace medio siglo.

Pero hay otros casos en nuestra historia reciente -no tan dramáticos como la hecatombe económica creada por la UP- sumamente nocivos para el crecimiento y desarrollo económico. En 2014, el segundo gobierno de Michelle Bachelet, reconocido por su radical viraje hacia la izquierda, promulgó su anunciada reforma tributaria, con la cual esperaba recaudar al menos un 3% extra del PIB para financiar un ambicioso programa social, de más de US$ 8 mil millones. Dos años después, las cifras no fueron las esperadas por el gobierno. Con la reforma -la cual no solo gravaba más a las empresas, sino que ponía fin a uno de los mayores incentivos para el ahorro e inversión contemplados en la legislación chilena, el *Fondo de Utilidades Tributarias* (FUT)- la recaudación del fisco bajó en términos absolutos. Si antes de la reforma la disponibilidad de recursos del

87. Winn (2013), p. 57.

Estado era superior al 12%, posterior a su promulgación cayó a un 3%. Como diría en ese entonces el presidente de SOFOFA, Bernardo Larraín, se da por derribado el mito: que más impuestos a las empresas implicaba mayor recaudación.[88] Pero la menor recaudación fiscal por medio de un alza de impuesto no fue el único mal resultado. La emblemática reforma tributaria de Bachelet, que prometía revertir la desigualdad, financiar su promesa de campaña de avanzar en la gratuidad universitaria, y todo sin afectar el crecimiento, tendría una triste realidad. En 2017, la economía creció apenas un 1,4%, el peor registro en años. El trienio 2014-16 fue el primero con la inversión extranjera directa cayendo sistemáticamente desde el período oscuro de 1971-73. Incluso registró una caída del 40% de 2016 a 2017.[89] Es decir, una reforma creada por el gobierno, aprobada gracias a su mayoría parlamentaria y no abortada por el Tribunal Constitucional, llevó a la economía a aproximarse a números que no se veían desde la UP. El resultado fue conocido por todos. Su Ministro de Hacienda *reformador*, Alberto Arenas, un excomunista que inmortalizó la tristemente célebre frase *júzguenme por los resultados*, debió dejar su cargo al año siguiente. Su sucesor, Rodrigo Valdés, de un perfil más moderado, intentó dar señales de confianza al mundo privado, pero el daño en el crecimiento ya estaba hecho. Costó mucho trabajo volver a retomar la confianza de los inversores, mientras miles de empleos se perdieron.

Lo anterior demuestra en qué grado las aventuras tributarias que persiguen un aparente loable fin como incrementar la igualdad, terminan siendo un desastre económico y generadores de pobreza. Reformas de esa magnitud son extrema-

---

88. *El Líbero* (23/06/2017)."

89. Bergoeing (2017).

damente complejas, ya que pueden caer fácilmente en tentaciones populistas y malos cálculos económicos. La experiencia chilena demostró una vez más lo volátil de la inversión extranjera y cómo esta debe promoverse con legislaciones que la haga multiplicarse y no contraerse, especialmente en un país con un perfil exportador como Chile. La mala imagen internacional de un Estado se paga precisamente con escaso interés en invertir en el país; afortunadamente, la favorable reputación de Chile, una vez terminada la administración de izquierda, permitió el retorno del capital foráneo y revertir en parte el daño ocasionada por la reforma tributaria, la cual sería parcialmente subsanada durante el gobierno siguiente. No obstante, la experiencia demuestra que, persiguiendo un fin ideológico, se pueden comprometer seriamente elementos económicos de carácter técnico y funcionales para una economía sana. Las batallas ideológicas ganadas en el Congreso pueden tener efectos muy distintos en las cifras de crecimiento. La izquierda suele olvidar que, detrás de los *fríos números,* hay familias que ven afectadas sus vidas. El problema es que los errores políticos se pagan con encuestas, mientras que los trabajadores lo pagan con sus empleos, amenazándolos con retrotraerlos a la pobreza de sus antepasados.

La democracia es el peor sistema de gobierno diseñado por el hombre, con excepción de todos los demás, dijo Winston Churchill en una de sus frases más célebres. Algo similar ocurre con las formas de gobierno. Se han probado muchas, y no existe país en el mundo que sea completamente liberal o absolutamente autárquico. Por lo general, los ciudadanos eligen entre gobiernos que tienden a preferir aplicar un programa de gobierno que privilegie el crecimiento económico a través del libre mercado u otros cuyo propósito sea generar igualdad y proveer de la mayor cantidad de servicios públicos posibles. Las medias tintas como la tercera vía probaron finalmente no existir: no eran más que programas políticos de corte social, pero con un guiño más bien metafórico al inversor. Si hay algo que pagan caro las economías, es cuando se les hace trampa a los empresarios.

A diferencia de lo que plantean muchos autores, una fórmula intermedia o *tercera vía* en la práctica no existe. Un Estado proveedor de derechos sociales de todas maneras sacrificará el crecimiento económico, ya que deberá imponer tributos o controlar empresas para financiar sus programas. Por otra parte, tampoco existe un Estado que no se haga cargo de requerimientos urgentes de sus habitantes, o incluso responsabilidades que son inherentes y monopólicas del Estado como seguridad, defensa y relaciones exteriores. La *tercera vía* es un término inventado por los socialdemócratas europeos para justificar un Estado interventor en la economía, desmarcándose de la izquierda tradicional marxista-leninista, pero los ciudadanos tienen la capacidad de elegir hasta qué punto es preferible tener un fisco que dé prioridad a un crecimiento económico y social sostenido a otro que anteponga la denominada *justicia social* y la entrega de servicios por sobre el crecimiento.

Cuando algunos autores sostienen que las políticas públicas que buscan revertir la desigualdad a través de proyectos redistributivos profundizan la democracia, desconocen la evidencia histórica. Ejemplo de lo anterior es parte de la memoria de Chile. Las políticas económicas de la Unidad Popular fueron esencialmente responsables de la destrucción de la democracia.[90]

Las confiscaciones empresariales decretadas *desde arriba*, como asimismo las tomas de predios organizadas *desde abajo*, por parte de obreros, campesinos, in-

90. Sigmund (1974).

dígenas, pobladores, se vieron amenazados por una contrarrevolución.[91] Amplia evidencia demuestra que democracia y libre mercado han sido mucho más compatibles que democracia y socialismo: es cosa de repasar simplemente los procesos políticos del siglo XX.

Por cierto, los estados benefactores obviamente no son comparables a regímenes totalitarios. Pero el principio que inspira a ambos, como advirtió Ludwig Erhard, es similar, ya que pretenden que la autoridad controle los aspectos más relevantes de la vida de la población.[92] Esta filosofía colectivista en la que se ampara el igualitarismo obedece a una concepción que cree que el Estado debe ser quien decida los destinos de la vida de los individuos: un *Leviatán* explicado por Hobbes, que, para hacernos realmente libres, tomará todas las decisiones vitales por nosotros.

La intervención del Estado en la economía, como propietario de empresas o como redistribuidor de riqueza a través de impuestos excesivos, es también parte de la discusión ideológica y filosófica. Es decir, hasta qué medida es aceptable que el fisco intervenga en la economía y, por tanto, en la vida cotidiana de los ciudadanos. Desde los tiempos de Tocqueville no ha cambiado en demasía la mentalidad que espera del Estado una solución a todos los problemas, pero sí cambian las expectativas del pueblo. En un sistema en que se estatiza la educación, salud, pensiones, vivienda y cualquier otro derecho social, el poder real del ciudadano es parasitado y su condición de ciudadano se degrada a la de mendigo agradecido del poder político.[93] La izquierda acusa al sistema neoliberal de haber corrompido el

91. Winn (2013), p. 71.

92. Erhard (1994), p. 129.

93. Kaiser (2015), p. 109.

sentido de comunidad en Chile, de haber creado *generaciones de individuos egoístas, consumistas, endeudados e infelices* en un mundo en que se valora al productivo, al que genera mayores resultados, al ganador, castigando al que fracasó en el intento. Aquella narrativa es la responsable de la actual crisis política de Chile.

El levantamiento de octubre de 2019 es explicado por innumerables columnas y opiniones bajo aquellos supuestos que no tienen respaldo académico serio. Se trata de un conjunto de valores y de *ideas verdaderas* impulsadas por la *hegemonía* socialista en la academia y los medios de comunicación. Es tan simple como revisar la historia reciente del país. ¿Qué había antes del *demoniaco neoliberalismo* en Chile? Socialismo durante la UP, *revolución en libertad* bajo los democratacristianos. ¿Fue acaso Chile un país sin polarización política entre 1964 y 1973? ¿Éramos más felices o iguales en aquella época? La evidencia demuestra una vez más que éramos más desiguales y mucho más pobres cuando Frei Montalva y Allende gobernaron: eso es irrefutable. El *Informe de Felicidad Global* estaba aún lejos de inventarse en aquellos tiempos.

El Estado de Bienestar es entonces inspirado por el colectivismo en quitar recursos a todos para financiar la vida de todos, aunque a algunos les quiten más que a otros. Entendiendo que el derecho a la propiedad privada es respetar la dignidad más elemental de las personas, ya que nadie puede obligar a arrebatar a otro los frutos de su propio esfuerzo, talento o suerte, resulta inmoral la redistribución, si bien la aceptamos en cierta medida para financiar esfuerzos colectivos legales. Cuando el Estado de Bienestar se atribuye por la fuerza legal ejercer el monopolio de la entrega de bienes y servicios, incluidos los denominados *derechos sociales* -reduciendo o anulando la injerencia del mercado en ese ámbito- y por tanto obligando a financiar con nuestros impuestos un producto o servicio estandarizado -y usualmente de mala calidad-, se está atentando contra la dignidad de las personas. Los *derechos sociales* son una forma de colectivizar la propiedad bajo el manto de moralidad que confiere la palabra *social*, es decir, son derechos a la propiedad y al trabajo ajenos, lo que es incompatible con la idea de dignidad humana.[94] Como dijo Karl Marx, ¡*De cada cual, según sus capacidades; a cada cual, ¡según sus necesidades!* La lógica de los *derechos sociales* es incompatible con el mercado como expresión de la libertad y como criterio de distribución.[95]

Más allá del debate moral o filosófico, es sabido que los sistemas de intervención estatal del mercado están destinados a ser ineficientes, arbitrarios y de peor calidad que los privados, llevando al despilfarro gigantesco de recursos.[96] Como se propondrá más adelante, no es conveniente caer en la competencia entre los servicios públicos con los privados, pues son incomparables en sus fines como en su funcionamiento. Más que la eliminación o supresión del mercado, la izquierda debe comprender que el privado es un aliado cuya existencia ahorra recursos que pueden ser enfocados en otras áreas o reforzar las existentes. Lo cierto es que no ha habido un solo país en la historia que haya logrado el desarrollo material de su pueblo a través de la estatización de los servicios o los medios de producción: ni uno. Sin embargo, en el afán que todos sean igualados materialmente por el Estado, cualquier desigualdad material sería un privilegio injusto, según los socialistas.

Acorde a lo anterior, el día de mañana cualquier cosa podría ser considerada un *derecho social*. Habría que estatizarlo todo.[97] El erróneamente conceptuado

94. Kaiser (2015), p. 123.

95. Kaiser (2015), p. 131.

96. Kaiser (2015), p. 129.

97. Kaiser (2015), p. 138.

malestar social clama por demandar mayor y mejor cobertura de educación, salud, pensiones y otros servicios. Pero acaso la cultura, la prensa, el deporte, los medios de producción, los alimentos, la vivienda, el vestuario, el transporte, el medio ambiente, la recreación, ¿quién dice que para una parte importante de la izquierda no son también considerados como *derechos sociales*? Solo el debate público irá definiendo lo que es de interés social o privado. Una vez que alguna actividad entre en debate por medio de la hegemonía y luego por la presión institucional o callejera, es muy difícil que salga de la palestra.

En una época en que en Chile hace años empezó a demonizarse el lucro, para luego calificarlo de *abuso*, se ha creado el subconsciente cultural en que todo debe ser *gratis* y proveído por el Estado. Todo menos la ropa, celulares, televisores y automóviles que consume la clase media, que no duda en endeudarse para pagar lujos a los que las cohortes generacionales anteriores jamás soñaron con acceder. Una sociedad que tiene suficiente dinero para adquirir ciertos bienes y servicios, pero no para el financiamiento responsable de su propia educación, salud y el ahorro individual para pensiones, lógicamente desea que el Estado se las financie. *Más derechos y menos responsabilidades.* Algunos lo explican como un fenómeno global, al tener una generación de ciudadanos que nacieron en condiciones completamente distintas a sus padres y abuelos, dando la abundancia o la cobertura de las necesidades básicas como un elemento obvio y garantizado. Otros, lo definirán como un principio impulsado por la izquierda, cuyo argumento se limita a responsabilizar al *neoliberalismo* por obligar al consumo y por ende a la esclavitud mercantil del hombre o el *endiosamiento del consumo*[98]. Al parecer, tratándose de bienes de consumo, el lucro satanizado no

98. Moulian (1998), p. 8.

es tema: los comunistas tienen *iPhone*, toman café en el *Starbucks* y consumen. Pero cuando se trata de que los adultos se responsabilicen en libertad respecto a sus propias vidas y las de su familia, se acude al Estado paternalista. El problema es que ese Estado paternalista no es viable. Nunca lo fue, ni mucho menos en Latinoamérica: basta con observar las experiencias de Argentina, Brasil y Uruguay, cuyas economías padecen crisis crónicas; en el caso de Argentina, con una histórica imposibilidad de reducir la pobreza.

El Ladrillo -programa de transformación económica escrito en 1972, pero publicado veinte años después- advirtió la nociva combinación de Estado paternalista con *desarrollo hacia adentro*, política económica que se arrastraba en Chile desde la década de los treinta. Como es sabido, *El Ladrillo* nació como una reacción al desastre económico que el socialismo estaba desatando en nuestro país. En el Chile actual, señalar aquella obra a la izquierda ilustrada es sinónimo de herejía y de la causa de todos los males que aquejan a la sociedad.

La inviabilidad de los Estados de Bienestar ha sido motivo de diversos análisis posteriores a la crisis económica mundial de 2008. En septiembre de 2013, durante la inauguración del año oficial del Parlamento de los Países Bajos, el rey Guillermo Alejandro dijo: *el clásico Estado del bienestar de la segunda mitad del siglo XX ha producido sistemas que en su forma actual ni son sostenibles ni están adaptados a las expectativas de los ciudadanos.* Holanda, uno de los países reconocidos por su profundo y pesado Estado de Bienestar -a pesar de ser junto a Inglaterra cuna del capitalismo- reconocía a través de su monarca que el Estado de Bienestar era inviable, al menos como se conoció en los últimos 70 años. Según cifras de 2018, el Estado holandés debía más del 50% de su PIB: cifra alta, pero aún muy por debajo de los niveles de países como Francia, España -con 100% del tamaño de sus economías endeudadas- e Italia - 130%-,[99] debido en gran medida al financiamiento desmesurado de *derechos sociales*. Otros grandes países como Reino Unido y Alemania les siguen de cerca. Portugal, España y Grecia son dramáticos y conocidos ejemplos de Estados sobreendeudados, que no entendieron o no quisieron pagar el costo político del momento en que, como diría Gamble, la austeridad se transforma en realidad.[100] Los países señalados, para poder financiar las pensiones y otros gastos sociales en el futuro, deberían tener ahorrado 434% de su PIB. Ninguno de estos Estados tiene esos recursos y solo podrán salir del problema reduciendo gasto social.[101]

Un ejemplo que a los socialistas les fascina nombrar es el de los países escandinavos. Dinamarca, Suecia y Noruega, tras llegar al desarrollo (más tarde que otras naciones europeas) comenzaron a construir su propia versión del Estado benefactor, alcanzando su mayor apogeo en la década de los ochenta y noventa. Fueron tan avanzadas sus políticas sociales universales -financiadas a costa de altísimos gravámenes para los contribuyentes- que el ideario romántico socialista transformó a los países nórdicos en ejemplos de Estados de bienestar exitosos. Pero antes que el rey Guillermo Alejandro de Holanda diera la mala nueva a sus súbditos, los países nórdicos -como suele suceder- ya iban un paso adelante. Con la crisis global de fines de la década de 1990, sus políticos asumieron lo que sus pares de la Europa meridional se negaron a ver. O el Estado de Bienestar se adaptaba, transformándose radicalmente al nuevo escenario económico y demográfico, o simplemente dejaría de existir, hundiendo a toda la sociedad con él. Contrario a las creencias del socialismo latinoamericano, su

99. Cálculos previos a la pandemia del coronavirus.

100. Gamble (2018).

101. Kaiser (2015), p. 215.

paraíso nórdico debió tragarse el orgullo de jactarse de ser el más completo Estado de Bienestar jamás creado, para reducirlo drásticamente, en una firme decisión por la sobrevivencia del aparato estatal y de la economía. Dinamarca, en 1993, tenía 80% de su PIB comprometido al funcionamiento del fisco. En 2006, había bajado a 30%. Doce años más tarde, tampoco variaría mucho, a pesar del creciente envejecimiento poblacional y los gastos contraídos por la inmigración. Actualmente, su deuda pública es de 34%. Al menos que las noticias no lo hayan cubierto, nadie quemó nada ni se hicieron barricadas en los suburbios de Estocolmo o Copenhague. Ambos países demostraron que es posible reducir el Estado de manera paulatina y responsable, sin sufrir la furia del pueblo. Otra paradoja de las ciencias políticas, la cual aseguraba que *no se quita el derecho que se da*. ¿Qué hizo Dinamarca para pasar de un anquilosado Estado de Bienestar a una economía sana y competitiva? Simplemente optó por disminuir el tamaño del Estado, reducir impuestos, privatizar servicios y empresas y especialmente recortar gastos sociales, lo que generó una mayor inversión y competitividad y menor desempleo. También se hicieron medidas legislativas responsables. Una de estas, y que mayor rechazo podría generar en los corazones socialistas, fue la eliminación del impuesto al patrimonio. Otra, fue una Ley de Presupuestos, limitando la expansión anual del gasto público en 0,5%.[102] El otrora modelo del Estado de Bienestar, Dinamarca, hoy encabeza los índices de libertad económica, algo impensable hace más de una década. Aunque a la izquierda le duela, se derribó uno de sus mitos pétreos.

El otro campeón del Estado de Bienestar para la izquierda, Suecia, también dio un golpe de timón, yendo en similar dirección a su vecino del sur, aunque

102. *Libre Mercado* (25/08/2019).

de forma más gradual. Si a mediados de los noventa el Estado sueco debía el 70% de su PIB, hoy la deuda cayó a la mitad, alcanzando 36%. Luego del fin de décadas del monopolio socialdemócrata en 2006, Suecia comenzó a replantearse la viabilidad de su gigantesco Estado de Bienestar. No obstante, el cálculo de atraer inmigrantes para fomentar el crecimiento económico tuvo efectos contraproducentes. Los cientos de miles de refugiados que fueron aceptados por el país generaron mayores gastos sociales, además de una creciente tensión interétnica debido a los comprobados problemas experimentados por los inmigrantes, en específico, para adaptarse social y laboralmente. A medida que la política de *puertas abiertas* generó cada vez mayor impopularidad y cuestionamientos, los suecos se dieron cuenta que su modelo de Estado de Bienestar ochentero seguía siendo una atracción irresistible para los inmigrantes. Pero además de las situaciones señaladas, Suecia cuenta con un modelo que fue calificado por gran parte de la clase política como inviable. Al igual que otros países europeos, Estocolmo presentaba similares síntomas de agotamiento del Estado de Bienestar clásico, con una economía que padecía un anémico crecimiento, un sector público grande e ineficiente, impuestos altísimos que generaron una fuga de capitales, cerebros y contribuyentes, además de un crecimiento demográfico negativo que en el largo plazo imposibilitaría el financiamiento de servicios públicos y pensiones al nivel que los suecos estaban acostumbrados.[103] Durante los últimos años, dado el progresivo recorte presupuestario en el sistema de salud público sueco, la iniciativa privada está teniendo un auge. Lo anterior se grafica con el medio millón de personas que contrataron planes de salud en establecimientos privados,[104] por lo que el mítico Estado de Bienestar sueco cambió

103. *Foreign Policy* (05/09/2018).

104. *Foreign Policy* (05/09/2018).

de manera paulatina pero inexorable, partiendo por sus propios habitantes, que se están dando cuenta de que el Estado no es la única alternativa para proveerse de servicios sociales. ¿Medidas pragmáticas? ¿Cambio generacional, por el que se dejó de confiar el destino de la vida en el Estado para que los individuos se hicieran cargo? Puede ser una mezcla de ambas.

En Chile se está haciendo todo al revés. La eliminación del mercado como proveedor de servicios sociales tiene sus costos. Como lo importante para los socialistas es que nadie tenga más que el otro, no se puede tener socialismo esperando retener los beneficios del libre mercado.[105] Lo curioso es que en Chile la izquierda está forzando un cambio para precisamente eliminar el lucro, que es lo mismo que suprimir el mercado. El socialismo chileno se quedó con la imagen romántica de los *años dorados* del Estado de Bienestar sueco, sin darse cuenta de que los propios escandinavos están desesperadamente intentando deshacerse de la pesada carga que ya no pueden costear.

Si lo anterior acontece a pueblos tan productivos y homogéneos como los escandinavos, es fácil imaginar lo que ocurriría a los chilenos con su proyecto de Estado de Bienestar, que es incluso más agresivo que lo que los mismos nórdicos proponen en términos de control estatal.[106] Pero lo más curioso es que el caso chileno no es un experimento. El vilipendiado texto de *El Ladrillo* ilustró científica, matemática e históricamente los errores del pasado, en las décadas que algunos políticos y economistas chilenos creyeron que el desarrollo venía de la mano de un Estado grande, emprendedor y *desarrollista*. La diferencia es

105. Kaiser (2015), p. 180.

106. Kaiser (2015), p. 202.

que el socialismo aún no le ha dado una explicación satisfactoria al país de cómo pretende financiar el Estado de Bienestar siglo XXI que busca implantar. Pese a que ningún político lo ha reconocido como tal, el pretender que el Estado entregue un acceso universal a *derechos sociales, gratuitos y de calidad*, como han publicitado incansablemente, no es más que un eufemismo para advertir que, luego de entrar en vigor la nueva Constitución que forzaron crear a través de la presión de la violencia callejera, el Estado se hará cargo de financiar las demandas sociales que más respaldo contemplan. En un Estado de Bienestar propiamente tal, todos los habitantes de un país están forzados a destinar gran parte de su sueldo para cubrir de manera solidaria las necesidades sociales. Su *Pacto Social*, alcanzado de manera civilizada y sin violencia, legitima el intercambio entre altos impuestos y provisión de servicios públicos universales. En Chile no hay interés masivo en estudiar someramente los distintos sistemas tributarios y, aunque sea un asunto que merece abordarse de manera especializada en una obra, huelga decir que, si se pudiera transmitir este importante aspecto a la calle, gran parte del apoyo a las demandas levantadas por la izquierda y repetidas por gran parte de la ciudadanía se diluiría en el tiempo.

Un europeo en promedio debe entregar, por concepto de distintos impuestos directos, entre 30% a 50% de su sueldo bruto al aparato público. En Chile, un trabajador aporta en promedio menos del 20% del salario imponible. Según el libro de la Cepal, *Desiguales: En los países desarrollados, la política fiscal redistributiva opera con impuestos a la renta progresivos de gran cobertura nacional. (...) En Chile el impuesto a la renta tiene un lugar secundario frente al IVA.*[107]

107. PNUD (2017), p. 340.

Afortunadamente, el sistema chileno no copió el sistema tributario europeo, aliviando el bolsillo de los contribuyentes, ya que nuestro modelo desde la reforma de 1984 privilegió la inversión y el ahorro sobre la recaudación fiscal. ¿Alguien se imagina entregando la mitad de su sueldo bruto al fisco? Misma pregunta se siguen haciendo muchos europeos, pero en sentido inverso. Una parte de la izquierda respondería afirmativamente lo anterior, con tal de tener igualdad de servicios de calidad gratuitos y universales. Sin embargo, no cabe duda de que la mayor parte de los trabajadores del país preferirían tener disponible la mitad de sus ingresos para sus propias necesidades, sin tener que mediar el Estado en obligarlo a acceder a un determinado servicio público. Acá no solo está en juego la calidad de vida de las personas, sino también su dignidad en tener el derecho de elegir.

¿Qué nos dicen los defensores de la confiscación? (solo para los ricos o las grandes empresas, porque a la clase media no se atreven a gravarla). *Sostienen que en los procesos de acumulación se han beneficiado de la baja tasa de impuesto efectiva que ha gravado a los ingresos más altos en el país, un mecanismo importante para la reproducción de la desigualdad en Chile. De no haber existido el FUT, las utilidades hubieran tributado a una tasa dos veces más alta y la acumulación de capital y de riqueza sería mucho menor.*[108]

Como fuera mencionado en capítulos anteriores, desde la perspectiva liberal, simplemente los impuestos altos son dañinos para la economía, a pesar de que el liberalismo los acepte en cierta medida, ya que permiten financiar un actor fundamental para la vida civilizada, el Estado. En definitiva, ni el mercado ni los empresarios están en contra de los impuestos, ya que el liberalismo ortodoxo no

108. PNUD (2017), p. 367.

existe en el mundo real, pero estos no pueden ser excesivos. ¿Dónde se encuentra la frontera entre lo que se considera excesivo o justo? En el punto en que la empresa o el individuo permita tener un incentivo lo suficientemente atractivo como para arriesgar e invertir su capital para generar recursos. Pero la búsqueda de esa media es la que está en el corazón del debate ideológico. A los socialistas no les resulta fácil entender que, si se sube considerablemente los impuestos a los emprendimientos, al final todos perdemos, ya que cada vez habrá menos empresas y menos utilidades para gravar.

Los autores cepalinos intentaron argumentar haciendo historia contrafactual. Sin FUT, afirman, el Estado habría recaudado el doble. Vuelvo al elemental argumento del párrafo anterior y utilizaré la misma herramienta contrafactual que la Cepal. De no haber existido el FUT, ¿habría hoy tantas grandes empresas que para que el fisco les confisque parte de sus utilidades? Coincido plenamente en que, de no haber existido el FUT, la acumulación de capital y riqueza hubiera sido mucho menor. LATAM, Cencosud, Falabella, Banco de Chile, entre otros, quizás no existirían de la forma que hoy las conocemos. Quizás los Cueto, Paulmann, Matte, Piñera, Angelini y Luksic no serían tan ricos como lo calcula *Forbes*, pero de seguro, la economía chilena sería mucho más pequeña, habría menos gente con empleo, más pobreza y nuestro mercado financiero sería menos robusto.

Si a la izquierda chilena le molesta la presencia de los dueños de los grandes grupos económicos, una vez que tengan el control total del poder político podrán aplicarles impuestos tan confiscatorios que podrán hacerlos deshacerse de sus empresas en Chile. Quedaría por verse como emplean a las decenas de miles de personas que trabajan para aquellas firmas, con sueldos similares al sector privado. Habría que ver cuantos *holdings* les quedaría por gravar, con la finalidad que los ricos paguen las demandas sociales del pueblo, al menos como fuera evidenciado antes, por seis meses.

Por si no fuera suficiente, *Desiguales* de la Cepal argumentó: *Para las corrientes políticas liberales, el impuesto a la renta tendría un carácter confiscatorio. Pero quienes recurren a este argumento, olvidan que tanto la propiedad de los factores productivos como las remuneraciones asociadas a ellos tienen por contexto un arreglo social implícito que es reguardado por las instituciones del Estado. El pago de impuestos tiene por finalidad financiar el funcionamiento de ese Estado y hacer viable el orden existente, sin los cuales no habría ni propiedad ni pagos asociados.*[109]

Esa afirmación evidencia el sentido antimercado de los autores de ese capítulo del citado documento, poniendo en duda uno de los derechos fundamentales de las personas como lo es la propiedad privada, resguardada por la Constitución y las leyes. Cuestionar el valor de la propiedad privada es, asimismo, reprochable éticamente. Además, el argumento según el cual la riqueza es colectiva porque no se produce individualmente está ampliamente superado, pues quien crea y acumula riqueza tuvo que beneficiar necesariamente a todos quienes participaron en esos procesos.[110] El sentido de colectivización que el texto de la Cepal esgrimió no debe pasar desapercibido, pues constituye un argumento peligrosamente similar a la ideología que causó las tragedias más grandes de la humanidad, el comunismo, que en nombre de la refundación social no solo expropió a la fuerza los medios de producción, sino que eliminó físicamente a quienes no

109. PNUD (2017), p. 368.
110. Kaiser (2015), p. 73.

concordaran con sus fines. Por último, aunque fuera reconocido el rol vital del Estado para el desarrollo de las actividades humanas en el marco de la civilización, el asegurar que el Estado es anterior al mercado resulta insostenible desde la perspectiva histórica. Cabe recordar al o los autores de la destacada cita de Cepal que el desarrollo del mercado ocurrió antes del surgimiento del concepto moderno de Estado. Al final del capítulo, *Desiguales* se contradice, suavizando su planteamiento inicial respecto a los impuestos: *Dos resguardos deben tomarse son no generar desincentivos evidentes a la creación de ingresos y riqueza que después pueden ser gravados con impuestos a la renta, y recordar que en el contexto de globalización los capitales pueden trasladarse a otros países*[111].

No podríamos estar más de acuerdo. Pero después de casi dos décadas de los últimos gobiernos de centroizquierda y de izquierda, ¿por qué no se pudo instaurar un régimen tributario a largo plazo como para financiar un Estado de Bienestar como corresponde? La respuesta es simple. Cuando un próximo gobierno de izquierda anuncie a los contribuyentes de la clase media que dicen representar que deberán entregar al menos un tercio de su sueldo al Estado, el país volverá a estallar. Pero, como los políticos no son tontos, saben que presentar una reforma progresiva de impuesto a la renta es sumamente impopular, prefieren o no mencionarlo o no considerarlo. Es más popular decir que van a gravar a los ricos. Claramente, en Chile no existen los servicios sociales públicos de la calidad de Suecia; pero considerando la brecha de desarrollo, PIB per cápita, sistema tributario y sobre todo producción entre ambos países, sería perverso engañar a la población que tendríamos acceso a prestaciones similares a los nórdicos simplemente cambiando la Constitución o el

111. PNUD (2017), p. 369.

modelo económico. Dado lo impopular que sería gravar el ingreso del ciudadano común, y ya explicados los nocivos efectos de incrementar los impuestos a los empresarios, entonces van quedando escasas opciones de financiamiento para quienes sostienen que la refundación del *Estado solidario* es el camino que Chile necesita para que sus habitantes alcancen la felicidad. Pero nuestro país no es el único que se encuentra entrampado en el debate. Gamble ya había advertido que diversas naciones, especialmente en Europa, la ciudadanía demanda servicios del estándar de Suecia, pero con impuestos como en Estados Unidos.[112] El mismo autor argumentó que los políticos se encuentran bajo una fuerte presión para responder ante la creciente demanda y expectativas por parte de la ciudadanía, pero al mismo tiempo hacer frente ante el incremento del costo de las políticas sociales.[113]

Al igual como podría ser en un futuro en Chile, en Europa hace décadas que viven con un problema esencialmente político. Como los siempre crecientes costos del Estado de Bienestar amenazan la capacidad del fisco de financiarlos -al nivel de la expectativa ciudadana- entonces, los políticos deberán defraudar a sus electores con incrementos tributarios o endeudar al Estado intentando posponer el problema.[114] Chile hoy no tiene ese problema, pues no cuenta con un Estado de Bienestar. Las pensiones, una de las mayores cargas para el fisco en los sistemas de reparto, en nuestro país son en su mayor parte cubiertas por los propios cotizantes y sus empleadores. Por otra parte, si realmente se pretende instaurar un Estado de Bienestar, hemos reiterado que aún no hay explicación de dónde provendrían los fondos para aquello. Como los socialistas chilenos

---

112. Gamble (2018).
113. Gamble (2018).
114. Gamble (2018).

miran a Escandinavia como su modelo de sociedad -sin advertir la transición privatizadora que los países nórdicos realizan desde hace años, ni las brechas culturales- habría que ver rápidamente los números para darse cuenta de que se trata de un proyecto inverosímil, más pasional que racional.

El PIB de Suecia es de 500 mil millones de euros aproximadamente. El de Chile es de 300 mil millones de dólares, es decir, en términos relativos poco más de la mitad del país escandinavo. Su PIB per cápita supera los 50 mil dólares, es decir, el doble que el de Chile. La deuda pública de Suecia es de 182 mil millones de euros, la de Chile fue en 2018 fue de 65 mil millones de la divisa europea, la más alta de la historia del país y paradojalmente ejecutada por un gobierno de centroderecha. Sumando, Chile necesitaría aumentar casi tres veces su gasto público para aspirar a un Estado de Bienestar como el sueco. Pero los números se quedan aún cortos cuando se cuenta la población de cada país. Suecia apenas supera los 10 millones; Chile tiene 20. Es decir, con el doble de población, Chile tendría que destinar aún más recursos para sostener un Estado social similar a los europeos. En tal caso, habría que emplear casi todo el PIB del país solo para financiar *derechos sociales*, algo que resulta imposible desde el punto de vista económico. Ninguna Constitución hace crecer mágicamente el PIB de una economía.

6. Cuando la austeridad se transforma en una realidad

No por el hecho de ser socialista un país está menos expuesto a los ciclos del mercado. Las crisis económicas durante la historia han sido en mayor medida gatilladas en países capitalistas, pero sus efectos son sufridos por todos los sistemas políticos y económicos. La globalización financiera se propagó a la velocidad de las comunicaciones desde el siglo XVIII. Un régimen socialista, como por ejemplo Venezuela o Cuba, aun con su limitada integración al sistema financiero mundial, resentirá las consecuencias de la crisis. Ninguna constitución socialista trae inmunidades contra las crisis económicas globales -aunque, al menos, sus habitantes ya están familiarizados con la disminución en su calidad de vida-: los ciclos de la economía internacional se harán igualmente sentir. A Cuba llegan menos turistas y divisas cuando la economía mundial anda mal; el precio del petróleo repercutirá dramáticamente en las famélicas arcas fiscales en Venezuela, que al mismo tiempo se verá restringida en ir en rescate del *hermano* régimen cubano a través de su cooperación en base a crudo. La amarga experiencia que trajo 2020 para el mundo en su totalidad con la pandemia del coronavirus, amenaza con traer apocalípticas consecuencias económicas para todo el orbe, tanto en países ricos como pobres. Irremediablemente, el mundo que surgirá post pandemia deberá enfrentar una crisis económica mucho más honda que la de 2008. Si la economía global ya daba evidentes muestras desaceleración desde hace un par de años, con franca decadencia para 2019, todo indica que los países que se salven de la recesión en 2020 serán los privilegiados.

La economía chilena, duramente golpeada por el bajo precio del cobre de 2019 y por el desbande político-social del *Octubre Rojo*, también lo ha sido por la pandemia del coronavirus; de hecho, el FMI pronostica una caída del 4,5% del PIB, cifras que solo se conocieron en la crisis de la deuda de 1982 y el desastre de la UP. Con un frente institucional débil, la democracia en peligro por los movimientos sociales y su violencia sistemática, y la recesión económica, Chile deberá enfrentar su proceso constituyente, postergado para octubre de 2020. ¿Será que una economía de supervivencia, la cual podría tener el lamentable escenario de cientos de miles de desempleados, genere un mayor malestar social? Si volvemos a la historia, la crisis de 1929 no solo hirió de muerte a la economía chilena con su modelo exportador y de desarrollo hacia afuera, sino que también abrió paso a la época de mayor inestabilidad política de nuestra historia: la anarquía que supusieron los gobiernos socialistas de comienzos de la década del treinta. Revoluciones y caudillismo se convirtieron en panorama de un país que se jactaba de su estabilidad y tradición democrática en comparación a sus vecinos. ¿No suena conocido al panorama actual? En 1911, Francisco Encina en su obra *Nuestra inferioridad económica* retrató el clima de desprestigio social de las instituciones de la época. El remedio para la denominada *Belle Époque* chilena terminó siendo mucho más dañino que el agotamiento del ciclo minero del salitre o que el *parlamento oligárquico.*

Un viejo adagio del capitalismo asegura que cada crisis es una oportunidad. Las medidas restrictivas, el desempleo, desabastecimiento, los reveses bursátiles, la precariedad y sobre todo la incertidumbre, que trajo consigo el conato revolucionario de octubre y la pandemia del coronavirus al año siguiente, podrían en teoría permitir a una vasta porción de la sociedad chilena replantearse la demagogia recibida por años por parte de la izquierda. Sin embargo, nuestra historia ha demostrado lo contrario. Fracase o triunfe la nueva constitución igualitarista, el país será más pobre en el corto plazo. Si ya existía un océano de dudas respecto de donde conseguir los recursos para implementar una agenda social desproporcionada a la realidad del país, el Chile de los años venideros no será uno precisamente más abundante, al igual que la mayor parte del mundo.

Entraremos a una época de austeridad, en la que los recortes fiscales serán aún más drásticos para algunos países. Europa, inexorablemente, deberá reajustar una vez más sus costosos programas sociales, más de lo que han intentado hacer. La Francia que en los últimos años ha desatado su tradicional furia sindicalista con más fuerza que en décadas, o incluso la España dominada en su gobierno por la izquierda radical republicana, deberán plegarse al real significado de la palabra austeridad, esa misma que evoca recientes y amargos recuerdos para los mismos españoles y otros miembros de la Unión Europea.

No viene al caso en el presente texto abordar las políticas de austeridad fiscal desde un punto de vista crítico o comparativo: abundante literatura existe al respecto. Se debe partir del argumento que a nadie le gusta generar trastornos en la calidad de vida de las personas, especialmente la enorme cantidad de gente beneficiaria de subsidios y transferencias del Estado. Como dijo el expresidente de Uruguay José *Pepe* Mujica en una entrevista, al consultársele por la sobriedad de su vida cotidiana, dijo: *no uso la palabra austeridad porque en Europa la prostituyeron, es sinónimo de quitarle el trabajo a la gente.* El término es bastante más amplio y complejo que lo señalado por uno de los últimos héroes de la izquierda latinoamericana; la teoría económica es fuente inagotable de debates en torno a la austeridad económica. Por ejemplo, el Nobel de Economía Paul Krugman no cree en los beneficios de reducir el tamaño del Estado en tiempos de crisis; por el contrario, plantea que, en tiempos de bajo crecimiento o recesión, el Estado tiene la capacidad de inyectar mayor dinamismo a la economía, en especial en generación de empleo.

También se puede encontrar el documento publicado por la CSI, Bretton Woods y otros, advirtiendo que los recortes presupuestarios estatales en el mundo generarán un detrimento en la calidad de vida de cientos de millones de personas.[115] Pero eso no es ninguna novedad. Las medidas de austeridad fiscal no se realizan sin motivos concretos. Resulta mucho más fácil (y popular) atacar estas medidas, pero cuando el devenir es no solo del mercado, del crecimiento, de la salubridad económica está en riesgo, sino que el bienestar no solo de la próxima generación, sino que de unos 5, 10, 20 años más tarde, para toda la sociedad.

Pese a los distintos ejercicios intelectuales y teorías económicas, incluyendo las columnas del *New York Times*[116] y del *El País de España*,[117] que buscan innovar a través de teorías económicas novedosas, es un hecho que la gran mayoría de los países intenta endeudarse lo menos posible, idealmente cuidando de los equilibrios en el gasto fiscal, con la finalidad de no crear o incrementar déficit. Decimos idealmente, ya que el populismo -en su afán por conquistar o conservar el poder a cualquier costo- arrasa con las economías, mediante políticas públicas y económicas ultra expansivas que solo buscan rédito electoral.

---

115. Ortiz y otros (2019).
116. *The New York Times* (versión en español) (26/07/2018).
117. Krugman (2012).

Krugman nunca postuló estar en contra de las políticas de austeridad fiscal; por el contrario, las considera positivas cuando tienen lugar en un contexto de expansión económica. La propuesta del Nobel de Economía tiene todo el sentido del mundo; sin embargo, en la práctica son más difíciles de aplicar. Por ejemplo, el que Portugal haya podido por fin crecer al flexibilizar ciertas medidas de austeridad no quiere decir que lo logre sostener en el tiempo, o que el crecimiento logrado no sea exclusivo mérito de la relajación de los recortes públicos; también corresponde a una expansión en la inversión extranjera, precio de sus principales productos de exportación, consumo, entre otras variables. No por nada las más importantes instituciones financieras y organizaciones internacionales económicas -el Banco Mundial, el Fondo Monetario Internacional y la Organización para la Cooperación y Desarrollo Económico- recomiendan e incluso requieren de los Estados recortes públicos para sanear sus economías.

Sin embargo, cuando el crecimiento es satisfactorio, la política se encarga de incrementar el gasto social. En tiempos de *vacas gordas*, como decía un elocuente Ministro de Hacienda chileno de la Concertación, la billetera fiscal era más generosa, multiplicándose los subsidios y programas sociales. Pero en tiempos de contracción, los gobiernos tienen tres caminos. Primero, con el objeto de mantener un economía saludable -sin generar mayor déficit que explote a mediano plazo- se decide disminuir en cierta medida el gasto social (los proyectos de la infraestructura pública no pueden ser paralizados; no tendría sentido alguno abandonarlos con las faenas a medias) con las consecuencias políticas y electorales que conlleva. Segundo, con el fin de no perder capital político ni aumentar la popularidad de los adversarios, se decide endeudar al Estado, esperando que la recuperación económica permita en un futuro cercano continuar los programas sin financiamiento externo; sin embargo, la deuda contraída por el Estado repercutirá por años y comprometerá recursos para próximos gobiernos. Tercero, se decide aumentar los impuestos para financiar el programa de gobierno y paliar los efectos inmediatos de una eventual crisis.

Aquella tercera opción resulta ser quizás la más nociva, ya que afecta el emprendimiento, la inversión y el empleo; por ende, el crecimiento en su conjunto. Por si fuera poco, el incremento tributario requiere de trámites legislativos que, una vez aprobados por las cámaras y tribunales constitucionales, resultan muy complejos de revertir. Países de fuerte raigambre socialista como Argentina y Venezuela utilizan las dos últimas alternativas. Usualmente, los Estados sobreendeudados y poco atractivos para la inversión extranjera contraen deuda en desfavorables condiciones respecto a la tasa de interés, dada la reputación negativa internacional respecto a sus mercados y su historial de comportamiento como deudores. Debido a ello, suelen ser sus propios ciudadanos quienes deben cargar con el peso de sobreendeudar al fisco, pagando impuestos altamente confiscatorios que castigan el emprendimiento y el trabajo. A la anterior fórmula, si se le agrega un estigma negativo en transparencia (Argentina en el lugar 66 y Venezuela en el 173 en el Índice de Percepción de la Corrupción 2019 de Transparencia Internacional), genera un cuadro económico complejo, pues parte considerable de los recursos recibidos no va a parar precisamente a programas sociales.

De acuerdo con lo ya dicho, Krugman tiene razón en que no tiene mucho sentido practicar la austeridad cuando las *vacas están flacas*. La austeridad debe ser una política de Estado y no una solución a coyunturas macroeconómicas complejas.

Pese a que la izquierda no está de acuerdo, la evidencia de las ciencias económicas demuestra que está fuera de discusión el hecho que un Estado con menos déficit -ojalá con superávit- es un país con una economía más sana. El mayor desafío es que existan mecanismos institucionales y sobre todo constitucionales que alejen la amenaza de la demagogia y el populismo de la salubridad económica. La actual Constitución precisamente fue creada con el anterior fin, lo que permitió décadas de responsabilidad en el gasto fiscal, transformándose en una tradición republicana en Chile conocida como *la regla fiscal*, para cuidar de los recursos públicos; el tamaño del Estado es hoy de no más de 29% del PIB[118], aunque subiendo de manera preocupante. Lamentablemente, nos encontramos ad-portas de un fin de esa sana política de Estado, con exmandatarios como Ricardo Lagos que antes honraron la austeridad y que hoy llaman a gastar con holgura, casi al doble de lo actual,[119] *total, plata hay.*

Como es sabido, la izquierda persigue la imposición de su proyecto político forzando un cambio constitucional, ya que la actual carta fundamental es el único freno existente al gasto público sin control. De esa forma, una Constitución de carácter socialista se encargará de legitimarse por medio de un generoso programa social que incluya la mayor parte de los denominados *derechos sociales* garantizados bajo una nueva Carta Fundamental. Afortunadamente, ciertos planteamientos han sugerido que el electorado -consciente de las situaciones económicas apremiantes- no necesariamente castigarían políticamente al gobierno de turno que aplica medidas de austeridad fiscal.[120] No obstante, la frase del estudio de la Facultad de Economía

---

118. Estimado a finales de 2019.

119. *La Tercera* (01/12/2019).

120. Alesina y otros (2011), p.1.

de la Universidad de Harvard titulado *The Electoral Consequences of Large Fiscal Adjustments*, analiza exclusivamente casos de países miembros de la OCDE hasta 2008, es decir, Chile aún no ingresaba al organismo.

Sería interesante una ampliación de aquel estudio sobre medidas de austeridad a los países latinoamericanos. El caso más reciente es el de Argentina. Las medidas impulsadas por el gobierno de Mauricio Macri fueron imposibles de ser entendidas y obedecidas por la población. La oposición kirchnerista y de otros sectores de izquierda se encargaron de desprestigiarlas. Finalmente, pese a las buenas ideas -y que el FMI volviera a creer en Argentina y le aprobara un préstamo por US$ 56 mil millones (de los que tomó 44)-, Macri fue castigado en las urnas y su intento de reordenamiento fiscal fue abortado. Meses más tarde, Argentina caería en el décimo default de su historia. Con el regreso del kirchnerismo a la Casa Rosada, Buenos Aires retoma la senda igualitarista comenzada por Juan Domingo Perón ochenta años atrás. Lo primero que hizo el entrante gobierno argentino fue poner en duda la capacidad del país en devolver los recursos del crédito, de la misma forma que lo hizo Kirchner en su primer gobierno. El fantasma del *default* reapareció, cuando se sabe que el único camino de pagar las deudas externas es con superávit fiscal.

Por casa tampoco andamos tan bien; por ahora no al crítico nivel del vecino oriental, aunque Argentina puede servir como máquina del tiempo para nuestro futuro próximo. El segundo gobierno de Sebastián Piñera preparó un minucioso plan de reestructuración del gasto público, no forzado por una situación de crisis económica, sino que de manera preventiva y responsable ante futuras turbulencias en un panorama económico mundial incierto. El plan, anunciado por el entonces Ministro de Hacienda Felipe

Larraín en mayo de 2018, incluiría ajustes fiscales por el período 2018-2021, cuyo objetivo era ahorrarle al Estado US$ 4.600 millones, es decir, una media anual de US$ 1.200 millones. El objetivo era claro: una rebaja gradual del déficit fiscal hasta el 1%.

Sin embargo, con el pasar de escasos meses, el gobierno fue sintiendo la presión de las movilizaciones callejeras. Ya a fines de septiembre, a un par de semanas de la rebelión social organizada por la izquierda, el Presidente Piñera anunció por cadena nacional los lineamientos del proyecto de presupuesto 2020, el cual contemplaba un incremento del 3% en comparación al año anterior (más de US$ 2.000 millones). El propio gobierno, como se dice, estaba *borrando con el codo lo escrito.*

Luego vendría el rompimiento prerrevolucionario de octubre. El Presidente intentó manejar la situación concordando con las legítimas demandas sociales de la ciudadanía, intentando infructuosamente apaciguar a la calle anunciando subsidios, especialmente previsionales, de montos nunca antes vistos. Rápidamente, el plan de austeridad de Hacienda quedó en el olvido. La reestructuración del déficit resultó ser una quimera. Si lo anterior sucedió bajo un gobierno de centroderecha al menos en el papel, qué queda por esperar con un futuro gobierno de izquierda radical con mayoría parlamentaria (si es que aún existe el Congreso tal como lo conocemos, y no una o varias Asambleas del Pueblo) y amparado bajo una nueva constitución socialista.[121]

Creemos que, una vez que el país se recupere de la pandemia, la ilusión de unidad nacional se desvanecerá tan rápido como surgió, regresando la lucha política entre quienes quieren llevar a Chile al socialismo y a su futura degradación autodestructiva, y quienes buscan preservar el orden, el desarrollo y la vigencia de las instituciones y del régimen democrático.

121. Kaiser (2020).

7. Productividad y crecimiento

Desde mediados de la década de los setenta, Chile fue superando los problemas económicos estructurales arrastrados desde la mayor parte de su existencia: pobreza extrema; inflación (a veces convertida en hiperinflación); injerencia desproporcionada del rol del Estado en la economía; falta de competitividad, de inversión extranjera, de crecimiento; y, particularmente, una posición periférica, no obstante su ubicación geográfica que hoy le permite una inserción exitosa en el comercio internacional. Sin embargo, aún queda la tarea de mejorar la productividad.

En términos simples, la productividad se puede cuantificar dividiendo el ingreso bruto de un país por el total de horas trabajada en una economía. Este es un dato no menor: a mayor productividad, un país puede producir más riqueza en comparación a otro, lo que acelera el crecimiento económico, estimula la inversión y mejora los salarios. Sabiendo que el problema esencial no es la desigualdad, sino que la falta de recursos, elevar la productividad generará más dinero para mejorar la calidad de vida de las personas en su conjunto. La productividad de la fuerza laboral depende en mayor medida de su capacitación, de su esfuerzo personal y de las tecnologías con las que cuenta y maneja para realizar sus actividades; pero también de las políticas económicas. Según diversos economistas, entre ellos Joseph Ramos, Chile en las últimas décadas avanzó notablemente en el área de la capacitación, en parte debido a la universalización de la educación secundaria y superior, lo que permite contar con una fuerza con mayor instrucción.

No obstante, aún estamos en una brecha tecnológica considerable con los países más desarrollados, lo que repercute en el rendimiento. En 2019, la productividad del trabajador chileno fue de US$ 30 por hora, la mitad de los tres países más productivos del mundo (Francia, Australia y Nueva Zelanda). Elevar el rendimiento de la producción es positivo para el crecimiento y la competitividad de las economías y también favorece a los trabajadores.

Los salarios están directamente relacionados con la productividad, y ese es uno de los motivos que en gran medida explica uno de los discursos que ha sido acaparado por el socialismo desde su génesis: los bajos sueldos. Si bien el reajuste salarial ha sido monopolio discursivo de la izquierda, esta no ha sabido resolver el problema. El incremento artificial de los sueldos por el gobierno de la UP, que decretó en 1971 un alza de 30%, finalmente fue una medida ruinosa, incluso para los propios asalariados: trajo consigo una hiperinflación que afectó el poder adquisitivo de los supuestos beneficiarios. Pese al discurso izquierdista, en Chile los sueldos se han reajustado favorablemente para los trabajadores de los sectores público y privado. En cuatro años, los sueldos se incrementaron 31%.[122] Asimismo, el ingreso mínimo creció en el período 2010-2020 casi en un 100%.[123] Por su parte, el incremento en el costo de vida, medido en Chile por el Índice de Precios del Consumidor (IPC), en economía comúnmente llamado inflación, en el periodo 2010-2020 acumuló 30%. Es decir, sueldos y costo de vida han aumentado proporcionalmente, por lo que es otra falacia de la izquierda asegurar que el *modelo neoliberal* ha afectado el poder adquisitivo. De hecho, revisando las cifras de inflación, se corrobora que en el mismo período 2010-2020 los dos peores años en término de incremento de inflación fueron 2014

---

122. *La Tercera* (23/10/2019).

123. Datos Macro (2019).

y 2015. ¿Quién gobernaba Chile en ese entonces? Los socialistas. Mismo ejercicio es posible con la expansión del PIB, indicador que también repercute en los salarios. Entre 2010 y 2014 (primer gobierno de Piñera) la economía se expandió a 5,7% promedio anual (incluyendo los costos de reconstrucción del megaterremoto de 2010). Pero cuando Bachelet volvió a La Moneda, el crecimiento en su periodo fue de 1,7%. Los números no suelen acompañar al socialismo.

Para incrementar el crecimiento y los salarios debe mejorarse la productividad, estimulando el rendimiento de los trabajadores. Como se señaló, la tecnología juega un rol fundamental. Para Ramos, Chile -al haber tenido un desarrollo reciente- replicó de buena forma políticas adecuadas, e importó la tecnología necesaria para incrementar la productividad.[124] Es lo que Ramos llama *la teoría de la frontera lejana* en tecnología: mientras a más distancia se está de los polos de desarrollo tradicionales, una vez que un país periférico es capaz de adquirir o imitar el uso de las tecnologías, experimentará un crecimiento superlativo. Así sucedió en Chile y los *tigres asiáticos*. Según Ramos, estaríamos a mitad de camino de esa *frontera tecnológica*, lo que le permitió al país crecer a tasas muy superiores a la de países más desarrollados, pese a nuestra menor productividad.[125]

Según el mismo economista, una de las medidas necesarias para incrementar la productividad es dotar y capacitar a los empleados en los instrumentos necesarios para mejorar sus resultados. Más allá de la educación, en Chile hay un analfabetismo funcional de la fuerza de trabajo.[126]

---

124. *El Mostrador* (14/12/2015).
125. *El Mostrador* (14/12/2015).
126. *El Mostrador* (14/12/2015).

No es posible alcanzar mejor nivel de ingresos y desarrollo sin potenciar la productividad. La calle demanda una equidad como en Suecia, pero con la mitad de la productividad en comparación a los países nórdicos. Por ello, los antiguos factores de producción (tierra, capital, trabajo y tecnología) no deben descuidarse. Sin mercado, no hay capital, ya que el flujo proveniente del Estado no será sostenible. Asimismo, es de general conocimiento el atraso del país en inversión en ciencia y tecnología: apenas 0,38% del PIB;[127] hay consenso en que un incremento en la inversión en esta área es necesario para el desarrollo y la productividad. Para ello no se necesita cambiar la Constitución: solo voluntad política para disponer de los recursos.

Los cambios en la legislación laboral impulsada recientemente por el Partido Comunista, en el sentido de reducir la jornada de trabajo, fueron muestra de su irresponsabilidad populista y su escasa instrucción partidista en el campo de la economía. Sabiendo que la propuesta satisfaría a sus correligionarios de la Central Única de Trabajadores (CUT) -que por cierto es una de las organizaciones que más obstáculos pone a los esfuerzos por incrementar la productividad- como asimismo a parte del electorado, a un par de diputadas comunistas no se les ocurrió nada mejor que proponer que eran tiempos de trabajar menos; lógicamente, sin reducción de sueldos. La propuesta prendió *como pasto seco*: la izquierda la apoyó por completo, sin hacer un diagnóstico de los efectos colaterales de una medida de esa magnitud. El gobierno aprovechó la oportunidad y contraatacó con una propuesta más criteriosa: la flexibilidad laboral, atacada sistemáticamente por la izquierda, pues según ellos iría solo en beneficio de la *clase explotadora*, en desmedro de los trabajadores.

127. *La Tercera* (26/04/2019).

Con un cambio político en el país, no cabe duda de que las condiciones para generar un incremento de la productividad irán en retroceso. Es probable que Chile alcanzase su *peak* de productividad con los US$ 30 por hora alcanzados en 2019. El fortalecimiento del sindicalismo y las mociones populistas de la izquierda que intentan dañar el empleo no representan un futuro promisorio.

PARTE II

Cuando asoma el topo de la historia

1. Chile decide: por la vieja Constitución

No existe evidencia alguna de que los cambios sistemáticos de constituciones conduzcan al mejoramiento de las condiciones sociales. Por el contrario, la historia, en especial la de nuestro continente, da cuenta de que la dictación reiterada de constituciones ha producido la involución de la institucionalidad bajo una inestabilidad política crónica, una debilidad estructural de América Latina. Desde la génesis misma de sus Estados ha persistido un crónico caudillismo: cada jefe impuso una nueva constitución para legitimar su poder, hasta que el próximo caudillo lo derrocase.

Como vimos en capítulos anteriores, una de las razones históricas que diferenció a Chile del resto de la región fue precisamente su estabilidad política temprana, lograda con la llegada al poder de los conservadores en 1830, que tres años más tarde darían vida a una Constitución que, si bien centralista y en cierto rigor autoritaria, fue una de las más longevas, respetadas y envidiadas en América.

Ni siquiera el episodio más dramático en nuestra historia, la Guerra Civil de 1891, generó un cambio constitucional. Como es sabido, recién en 1925, casi un siglo después de la entrada en vigor de la Constitución de 1833, la República obtuvo una nueva carta magna, la cual se mantendría vigente hasta 1980. Pero el camino recorrido entre la penúltima y última constitución fue largo y dramático para Chile. El presidencialismo reinstaurado desde la década de los veinte sufrió un inesperado y duro golpe por parte del contexto mundial. La crisis de 1929 hundió una economía vulnerable, llevándose consigo la estabilidad política de treinta años.

La década del treinta es una época para el olvido para la política, economía y sociedad chilena, pero al mismo tiempo fueron años dorados para el socialismo chileno, que pudo llegar al poder a través de una alianza con los radicales: el Frente Popular. Se había dado inicio al experimento *estatista-desarrollista*, el cual, entre altos y bajos, consolidaría en Chile modelos de desarrollo frustrados, con conducciones políticas erráticas pero legales, con la consolidación de un Estado interventor, empresario y empleador. La polarización política llegó a niveles insostenibles, los cuales harían explosión durante la tiranía marxista de la UP. Cada vez estábamos más lejos del país en su primer centenario, lleno de orgullo y con un futuro prometedor, en el que el nombre de Chile era sinónimo de riqueza y poder en los rincones más recónditos del planeta.

Las constituciones no hacen milagros. La carta de 1925 no fue redactada pensando en los problemas que traía consigo. Surgió por una necesidad de su época, en la que los actores políticos estaban cambiando. La política ya no era monopolio de la elite y, al igual como casi un siglo más tarde, a alguien se le ocurrió la idea que el Parlamento ya no era representativo. Lo cierto es que en el ordenamiento institucional anterior al actual (1925) no había frenos jurídicos serios a la demagogia de la clase política.[128] La Constitución de 1980, al igual que su predecesora, nació para cubrir una necesidad temporal existente: limitar la acción del Estado sobre áreas que evidentemente no debía tener el fin de hacerse cargo y evitar irresponsabilidades propias de los procesos populistas, incluyendo lo que la izquierda define como *trampas constitucionales* o

128. Kaiser (2015), p. 32.

enclaves autoritarios, particularmente los quórum supramayoritarios y el Tribunal Constitucional. Para no repetir nunca más la experiencia de la UP, que actuó manipulando e interpretando a su interés la Constitución vigente, era necesario generar una carta que no permitiera que la publicación o derogación de una simple ley afectara un derecho tan elemental como la propiedad privada.

Pese a la profunda degeneración económica, social y política de Chile sufrida en el período 1929-1973, se mantuvo una institucionalidad relativamente vigorosa en comparación a sus vecinos. El país estuvo regido bajo tres constituciones (sin considerar lógicamente los ensayos constitucionales del período 1811-1828), una excepción al contexto vecinal. Por ejemplo, Argentina, aunque oficialmente cuenta con una carta fundamental vigente, sus seis modificaciones fueron tan sustanciales que muy poco queda de la original de Santa Fe de 1853. La cima del podio la comparten Ecuador y Venezuela con más de una veintena de constituciones; les siguen Bolivia con 18, Perú con 12 y Colombia con 10. Ello demuestra que mucha tinta y sangre se ha gastado en el continente, en una frenética carrera por aprobar proyectos nuevos y enterrar las del antiguo régimen. Países como Ecuador y Venezuela aprobaron una carta fundamental en promedio cada diez años, lo que da cuenta del escaso respeto y orden institucional que existió en aquellos países.

No hay constitución perfecta en el mundo: todas han sufrido enmiendas. Pero en esta parte del planeta, la creatividad narrativa traducida en artículos e incisos, en nombre de la *refundación nacional, poder popular* o cualquier otra frase legitimadora, ha hecho de las repúblicas latinoamericanas ejemplos de lo que no debe hacerse en materia constitucional. No por nada la América española es rica en escritores, pero pobre en disciplina; abundante en creatividad, pero escasa en proyectos; rica en idealismo, pero miserable en pragmatismo. Los países serios reforman sus constituciones solo cuando es necesario; los países menos serios, crean nuevas como si rememoraran con nostalgia la revolución francesa, en que el orden sucumbió, incluso el calendario. América Latina ha pagado su informalidad y volatilidad con subdesarrollo, pobreza e incontables crisis políticas.

Chile, pese a contener en su material genético el significado de la violencia, se había distanciado de él de forma tal que, cuando Quito ardió en octubre de 2019, las imágenes de saqueos e incendios nos parecían barbarie propia de pueblos inmaduros y atrasados. ¡Qué equivocados estábamos! En Santiago no había indígenas, pero flamearon banderas que, hasta octubre, eran símbolos lejanos y ajenos para la mayoría de los chilenos. Tal simbología extraña se apoderó de los espacios públicos con masas que osaron agraviar el sagrado estandarte patrio con enseñas exóticas.

En cosa de días, Chile comenzó a perder no solo su autoestima, sino también una institucionalidad admirada por el mundo. No obstante Gramsci ya había dado tiros al aire amenazantes algunos años atrás, la derecha captó el mensaje, pero como suele hacerlo, llegó tarde. La izquierda hace años presionaba por una nueva Constitución, pero esta vez no aceptaría meras reformas como en 2005. El camino de las reformas es absolutamente insuficiente. La demanda de una nueva Constitución no es solo una demanda por un nuevo texto jurídico; es una demanda por nuevas estructuras de poder político.[129] Esta vez, era no un bocado, sino la mesa completa. Ya no se trataba de los contenidos, reformados una y otra vez, como tampoco los resabios de los *enclaves autoritarios*. Esta vez, se trataba de todo, desde el nombre y el apellido

129. Bassa (2020), p. 133.

del texto, incluyendo su año de nacimiento. Una refundación completa ni siquiera nacional, sino que *plurinacional.*

Luego de un mes de violencia terrorista organizada por la izquierda, la cual se le salió de control, el 15 de noviembre de 2019, reunido en distintas oficinas del ex Congreso Nacional en Santiago, el socialismo chileno se anotaría una de sus mayores victorias (de las muchas que obtuvo) desde el reinicio de los gobiernos socialdemócratas en 1990. Presionados por las movilizaciones callejeras y por los periodistas, comunicadores e intelectuales izquierdistas, en fin, por todo el peso de la hegemonía, los políticos -tanto oficialistas como de oposición- decidieron quedar en la historia como los facilitadores de una solución política para un problema de seguridad pública.

La apuesta del socialismo era calmar a las huestes subversivas a cambio de su máxima aspiración en los últimos veintinueve años: derribar la vigente Constitución Política de la República. Paradójicamente, como fuera señalado en una editorial de un medio supuestamente vinculado a la centroderecha, el *estallido social* implicará el derrumbe tanto de la herencia autoritaria de la dictadura de Pinochet, como de todo el sistema social, económico y cultural sustentado en el neoliberalismo.[130]

Al mismo tiempo, los diputados y senadores de oposición intentaban salvarse a sí mismos. Para la izquierda más radical, el desprestigio del legislativo lo englobaba en un todo, tanto a políticos de derecha, centro e izquierda. Movimientos sociales ya habían advertido que la solución que esperaba no vendría del Congreso. Como diría Gabriel Salazar, la clase de *políticos profesionales* sabía que, a falta de

130. Flores (2019).

un acuerdo político a puertas cerradas en el edificio de calle Catedral, bajaría el telón a la institucionalidad como la conocemos hoy.

Pero había dos asuntos de los que la derecha o no se percató o no quiso hacerlo, con el afán de terminar a cualquier precio los desmanes que estaban socavando el funcionamiento del país. Primero, los partidos de izquierda no podían garantizar el fin de la violencia callejera, ya que habían perdido el control de los violentistas. Segundo, la derecha estaba siendo completamente sometida, renunciando a título de la paz social, a una Constitución exitosa que permitió el desarrollo económico del país como nunca en la historia. A cambio de aquella imposición no recibió nada a cambio, solo promesas vacías de políticos de izquierda deslegitimados tanto por la ciudadanía como por los violentistas. En nombre de un anhelo de la *paz social,* Chile se encaminaba a perder una Constitución que reguló exitosamente el marco legal e institucional del país por cuarenta años.

Otros autores como Gabriel Salazar dirían que el error táctico garrafal de los movimientos sociales fue haber permitido una salida institucional a la crisis. Para el historiador, la *tregua* que se permitió la clase política e imponer los términos de una solución institucional supondría una amenaza para el pueblo movilizado, ya que aquel, arrastrado por la inercia de la antigua política, se dejó conducir mansamente por la *jugada fulera de los políticos.*[131] Para Salazar, hubiera sido preferible un *knock out histórico* al modelo neoliberal en octubre de 2019.[132] Es decir, imposición revolucionaria por la vía subversiva, sin negociación política. El fin de la Constitución de 1980, mal llamada la *Constitución de Pinochet* o de la *dictadura,* era el principal objetivo

131. Salazar (2020), p. 59.

132. Salazar (2020), p. 60.

político del socialismo chileno, mucho más relevante que cualquier elección. Pese a su casi completa reforma (en 76 oportunidades entre 2005 y 2017), las señaladas enmiendas no fueron, como argumenta la izquierda, cosméticas, sino que reformas de fondo, especialmente las realizadas en 2005 durante el gobierno de Ricardo Lagos.[133] En aquella oportunidad, el primer presidente socialista desde Salvador Allende, aseguró que se puso fin a los llamados *enclaves autoritarios*, y señaló en la ceremonia oficial en el Palacio de La Moneda: *Este es un día muy grande, tenemos razones para celebrar, pues tenemos una Constitución democrática, lo que significa el mejor homenaje a las glorias patrias. Hoy despunta la primavera.*

El corolario socialista para destruir la institucionalidad vigente tomó fuerza a partir de la campaña presidencial de 2013. La Presidenta Bachelet, que desde temprano planificó su segundo mandato bajo un programa más radicalizado que su primer gobierno, incluyó como una de las prioridades de su eje programático una nueva Constitución. Como es sabido, luego de la enmienda Lagos en 2005, el socialismo se quedó con una bandera de lucha menos; pasada casi una década, era tiempo más que suficiente para volver a la carga. Recién comenzando su gobierno, Bachelet destruyó uno de los *enclaves autoritarios* que, según ella misma, Lagos no pudo desarmar: *el sistema binominal*. Con la promesa de permitir la

133. A título de ejemplo se pueden citar las siguientes reformas: Ley N° 20.337, que consagra el derecho a sufragio como un derecho de los ciudadanos y su inscripción automática en los Registros electorales; Ley N° 20.354, que modifica la fecha de fecha de elección del Presidente de la República; Ley N° 20.414 sobre Transparencia, Modernización del Estado y calidad en la política; Ley N° 20.725, que establece normas sobre integración de la Cámara de Diputados; Ley N° 20.748, que regula el ejercicio del derecho a sufragio de los ciudadanos que se encuentran fuera del país; Ley N° 20.854, que establece la obligación de las autoridades del Congreso Nacional de rendir una cuenta pública anual; Ley N° 20.860, que otorga autonomía al Servicio Electoral; Ley N° 20.870, que establece la cesación en los cargos de parlamentario, alcalde, consejero regional y concejal, por infracción grave a las normas sobre transparencia, límites y control del gasto electoral; Ley N° 20.990, que dispone la elección del Órgano Ejecutivo del Gobierno Regional, esto es, la elección de los Gobernadores Regionales por sufragio directo; y Ley N° 20.011, que modifica la fecha de la cuenta pública que debe rendir el Presidente de la República ante el Congreso Pleno.

real representación política del país, Chile se despedía de uno de los mecanismos más efectivos para permitir un elemento fundamental para el funcionamiento político de un poder legislativo: el equilibrio. Con el fin del *binominal*, los únicos favorecidos fueron los partidos de izquierda. La nueva ley permitió la irrupción de nuevos partidos de carácter marxista o antisistema, como el Frente Amplio. Con curiosidad e incluso simpatía, la calle recibió a las nuevas caras en el Congreso, otrora estudiantes que se habían hecho conocidos en las movilizaciones de 2011, y que llegaron al legislativo para darle vuelta completamente a su favor. La hegemonía gramsciana y su retórica, que incluso cautivó a un importante sector de la denominada *centroderecha*, argumenta que el país no debe temerle a enfrentar un proceso constitucional, ya que este ha tenido lugar en distintas oportunidades de nuestra historia, y la nación siguió existiendo. Un experto constitucionalista, el abogado y exministro de la Concertación Mario Fernández, argumentó en su libro *La Constitución contra sí misma* que el concepto de convención constituyente no es una novedad en la historia constitucional chilena, ya que la mayoría de las cartas fundamentales fueron redactadas bajo ese proceso. Sin embargo, sería pecar de inocente pensar que las convenciones de 1828 o 1833 son el modelo de la que se plantea hoy. No cabe duda de que, si la izquierda ha sido intransigente con la imposición de una asamblea constituyente, es porque sabe que podrá controlarla y poblarla de elementos ultras. La derecha ni siquiera logró salvar en el acuerdo que, en caso de derogar la actual constitución, una nueva carta fuera redactada exclusivamente por diputados y senadores en ejercicio. Los movimientos sociales -apoyados por sus intelectuales- insistieron en que las formas de representación política tradicionales están agotadas.[134] La izquierda, ansiosa en terminar de una

134. Bassa (2020), p.131.

vez por todas con esta *larga transición de treinta años*, se sobó las manos en un cálculo tan cortoplacista como ingenuo. La guillotina jacobina también caerá sobre ellos.

Pero más aún más dramático y desconcertante resultó la imposición de la izquierda de la llamada *Hoja en Blanco*. En pocas palabras, la *Hoja en Blanco* desconoce todo lo positivo y constructivo de la Constitución vigente, despreciando todo el marco institucional que permitió a Chile salir de su estado paupérrimo y tercermundista, para crear un texto nuevo que será impuesto por una mayoría controlada por una minoría revolucionaria. *La Hoja en Blanco* será pagada con el futuro próximo de Chile. Es tan simple como que la izquierda logre que en el preámbulo de la nueva Constitución redactar que Chile se consagra como una República popular, estableciendo un Estado social, para que se concrete el advenimiento del Estado de Bienestar chileno, financiado marginalmente con impuesto a la renta, pero mayormente con confiscación tributaria a las empresas y por medio de endeudamiento público.

¿Qué ganó la derecha con la negociación del 15 de noviembre? ¿El quórum de los dos tercios en la convención constituyente? Nuevamente, creer aquello sería caer en inocencias de imberbe. La derecha perdió por goleada. Para revisar en cámara lenta los goles del marxismo: 0-1, golazo de forzar un referéndum para derrumbar la actual constitución; 0-2, el golazo de imponer la H*oja en Blanco*; 0-3, golazo de haber instalado en el referéndum una asamblea mixta o completamente constituyente. Es decir, la izquierda alcanzó automáticamente el 85% de sus objetivos. A la derecha, o a una parte de ella, solo le queda la opción de aspirar a que el pueblo vote por rechazar una nueva Constitución, y en la real posibilidad de perder, aspirar a obtener una convención mixta. En caso de fracasar en aquello, se cumplirían todos los objetivos del marxismo, es decir, conseguir su anhelada Asamblea Constituyente (AC) y aniquilar el modelo.

Con una AC formada en su gran mayoría por miembros de izquierda, los comunistas y frenteamplistas perfectamente podrían impugnar al poder legislativo, deslegitimándolo como órgano representativo, creando un poder paralelo popular, llamado *Asamblea del Pueblo*. Esta Asamblea podría convocar asambleas comunales a lo largo de todo el país, como también crear una nueva Constitución, a la que llamarán con metáforas, como, por ejemplo, *la Constitución de la Solidaridad* o de la *Dignidad*. Nacerá el concepto del *Estado Solidario* (anticapitalista) y Chile se transformará de la noche a la mañana en una *República popular y plurinacional*.

La única forma que el párrafo anterior sea una desagradable creación de ciencia ficción, es que se imponga la opción rechazo a la nueva Constitución. Pero la derecha sabe que es un resultado que parece difícil de alcanzar. La historia no juega a favor. Nunca ganó en un plebiscito la opción de rechazo a una nueva carta fundamental. Quienes buscan forzar el cambio (incluyendo al gobierno militar en 1980) cuentan con el respaldo de una ventaja inconmensurable: las expectativas que genera un nuevo orden. En 1925 fue el regreso a un Ejecutivo fuerte en contra del *decrépito parlamentarismo oligárquico*; en 1980 a establecer el orden y seguridad con una economía vigorosa en un mundo peligroso; y en 2020, el *Estado Grande y Solidario* como alternativa al *capitalismo deshumanizante*.

Según el socialismo, resulta intolerable la fecha del texto. Como si en 1980 la gente no pensara y una mayoría de 67% haya votado a favor de tener una Constitución que garantizara no regresar a las vicisitudes de la política partidista, a la lucha ideológica sin visión de Estado y a la restricción de libertades. Si para ellos el que la Constitución *haya nacido en Dictadura* resulta ilegítimo, al resto nos resulta inmoral e inaceptable que la nueva Constitución haya sido originada por la violencia organizada por el comunismo internacional. Nada bueno puede resultar de un proceso impuesto por la coerción. Es gracioso que un columnista simpatizante del marxismo haya comparado -en un medio tradicional afín al libre mercado- el fin de la actual constitución como la Caída del Muro de Berlín, ya que pondrá fin a un orden establecido que se pensó que era granítico.[135] Pero la desafortunada comparación del columnista parece olvidar que, en primer lugar, el comunismo cayó en 1989; y segundo, los muros no caen, son derribados.

¿Qué es lo que realmente odian de la actual Constitución que valga atentar contra el país completo? Se ha escuchado tantas barbaridades sustentadas en una completa ignorancia. *Que la Constitución es abusiva*, *que es egoísta*, en fin, *neoliberal*. ¿Cuántos hombres de la denominada *primera línea* han leído la Constitución Política del Estado? ¿Cuántos periodistas y académicos lo han hecho? A escasos meses que tenga lugar el plebiscito del 25 de octubre, la izquierda no ha publicado ningún programa o declaración de intenciones respecto a la nueva constitución que pretenden instaurar. Si no es n*eoliberalismo*, entonces simplemente es *El otro modelo*, en el mejor de los casos. Mario Fernández en *La Constitución contra sí misma* tenía razón en algo: la actual carta requiere cambios, como cualquier Constitución en el mundo que necesita ajustes cada cierto tiempo. Sin negociación no hay acuerdos. Sin embargo, el mundo observa

135. Flores (2019).

incrédulo como Chile, que se había erigido desde su génesis como el país más avanzado de esta parte del mundo, está a punto de cometer uno de los mayores yerros de su historia. Pero lo que la izquierda necesita es más que un texto jurídico: un hito político lo suficientemente simbólico.[136] Un asalto a la Bastilla que genere un hito en la narrativa para un proyecto político refundacional. A partir de ahí, todo el patrimonio simbólico nacional podría ser degenerado, partiendo por la bandera, el himno, el escudo nacional, los monumentos a los héroes de la patria, los nombres de las calles, los efigies en los billetes. Para la construcción de un *nuevo país*, un *nuevo Estado* y u*na nueva sociedad* requieren exponer sus propias alegorías históricas y mitos fundacionales que corroboren la victoria revolucionaria sobre el antiguo régimen.

136. Bassa (2020), p. 116.

2. El mito de las AFP

Una de las demandas que la izquierda ha vociferado con mayor vehemencia han sido su deslegitimación del sistema de pensiones vigente. Los ataques sistemáticos del socialismo al orden previsional se sustentan en un gran número de falacias que se han constituido -como suele suceder- en el sistema althussiano de *ideas verdaderas*, basados en un conjunto de percepciones y profunda desinformación o tergiversación. Al mismo tiempo, es el asunto en el que menos esfuerzos hace por explicar los motivos de su ataque, ya que no cuenta con las herramientas para poder ofrecer una alternativa al sistema imperante. No obstante, las AFP se convirtieron en el blanco predilecto de la izquierda, ya que el modelo de pensiones representa para el activismo marxista el corazón del sistema económico en su conjunto. De caer las AFP, se asesta un duro golpe al *neoliberalismo chileno*, según la estrategia revolucionaria. El grado de desconocimiento existente sobre las Administradoras de Fondos de Pensiones resulta abismal y preocupante. La primera responsabilidad en aquello recae en las mismas AFP, quienes no supieron generar una campaña de información sistemática sobre el funcionamiento y los beneficios del sistema, tanto a nivel individual como nacional. La derecha, cómplice en este silencio, muy poco hizo por contrarrestar la retórica socialista. Lamentablemente, el daño ya fue hecho y solo el fracaso en la aventura constitucional o el posicionamiento aventajado de un sector moderado salvará al sistema bajo su actual forma.

Se trata de un asunto sumamente técnico que debe abordarse con información y no con pasión (*sistema 2 de la teoría de Kahneman*). Considerando que, según diversos estudios, el chileno promedio no tiene entre sus prioridades la lectura, las AFP se fueron transformando en un servicio inentendible para la mayoría. Sus tecnicismos, pese a los esfuerzos desplegados por las administradoras para que las personas tomaran decisiones en sus propios fondos, generaban rechazo por lo complejo. Además, la izquierda ha precisamente sabido desprestigiar los argumentos técnicos, surgiendo la narrativa del *tecnócrata* bajo un concepto peyorativo, como sinónimo de un ser frío, desalmado, soberbio y privilegiado por la educación recibida fruto de la desigualdad en la educación. De acuerdo con lo anterior, las explicaciones académicas son relativizadas como de tecnócratas, es decir, seres incapaces de entender de la realidad del pueblo, y, por ende, argumentos que no obstante su evidencia empírica, son rechazados en el debate público.

No es la intención del presente documento abordar la historia y el funcionamiento de las AFP, como tampoco hacer una defensa a ultranza del modelo previsional chileno. Sin embargo, es imperioso destacar que las AFP son el mejor invento que Chile ha aportado a la economía mundial. Hay un hecho que resulta determinante y que la izquierda parece ignorar. Los fondos de pensiones en 2019 representaron en la economía nacional US$ 218 mil millones, equivalente al 77% del PIB del país.[137] Si elimináramos las AFP -como pretende la izquierda- simplemente estaríamos matando el modelo de negocios más exitoso en la historia de Chile. La cifra señalada anteriormente, significa que, de no existir las AFP, Chile sería un país muchísimo menos rico. Sería como mutilar toda la gran minería y dejar al país desprovisto de estos recursos.

Ahora bien, el argumento socialista replicaría: ¿y qué ganan con esto los trabajadores chilenos, dueños de los fondos que nutren a las AFP para hacer sus millonarios negocios?

---

137. Superintendencia de Pensiones (2019).

En un contexto en que se critican con razón los bajos retornos en jubilación para los pensionados, sería lógico pensar dónde va todo ese dinero. Bueno, esos recursos, que suman más que los PIB de muchos países vecinos, van en una parte a las cuentas de los afiliados, cuyos fondos se benefician de las rentabilidades del sistema, como asimismo se perjudican de los malos tiempos. Pero en gran medida la riqueza generada por las AFP fortalece el sistema financiero chileno en su conjunto, beneficiando a toda la economía del país, como también al afiliado. Al parecer, pasa desapercibido en la opinión pública que, en 2019, las AFP en sus *multifondos* alcanzaron una rentabilidad promedio del 14%.[138] Es decir, los fondos de los trabajadores en Chile crecieron sustancialmente. ¿Habrá otro sistema que pueda obtener tal incremento en las cuentas de sus cotizantes?

Las AFP participan en innumerables iniciativas empresariales en la economía del país, por lo tanto, generan no solo recursos, sino que también, de manera indirecta, empleo. Por lo tanto, quienes vociferan llamando al fin de las *abusivas y corruptas* AFP no saben que ponen en riesgo su propia fuente de trabajo y la de los demás.

Los pueblos suelen tener memorias cortas. Quienes proponen el regreso del control estatal sobre los fondos de pensiones olvidan que ese modelo ya había fracasado hace décadas en Chile, como lo está haciendo actualmente en el mundo con los sistemas de reparto. Pero para los nostálgicos del Estado grande y solidario, cincuenta años es tiempo más que suficiente para instalar el relato que el antiguo sistema era mejor.

El sistema de reparto, anterior a la reforma de previsión promulgada en 1981, se caracterizó por ser un sistema público ineficiente y viciado, en el que un empleado podía recibir varias jubilaciones al mismo tiempo, afectando la de los demás. A

138. *Cooperativa.cl* (25/12/2019).

mediados de la década del sesenta existían 35 fondos de pensión diferentes, cada uno con un público cautivo y que otorgaba beneficios distintos.[139] Asimismo, las contribuciones del trabajador eran en la práctica un impuesto al empleo, con tasas que promediaban el 40% del ingreso imponible al trabajador.[140] La falta de regularización y fiscalización del sistema antiguo generó vicios estructurales, tales como una alta tasa de evasión, préstamos a largo plazo para los beneficiarios, jubilaciones por años de servicio y no por edad -lo que permitía a los trabajadores jubilarse en plena edad productiva-, edificaron un sistema inviable, profundamente desigual y en crisis.

La reforma previsional impulsada por el gobierno militar en 1981 permitió crear un sistema unificado, en el que cada trabajador y empleador cotizara el mismo porcentaje de sus ingresos, correspondiente a un 10% (pilar contributivo). Lo anterior permitió dejar atrás el tratamiento diferenciado y mejorar la focalización de la ayuda estatal.[141] ¿Qué opinaría la calle si tuviera que destinar hoy el 40% de su sueldo a previsión? Con cotizantes que se manifiestan muy de acuerdo en tener un sistema con fuerte intervención estatal, pero al mismo tiempo que nadie les toque sus fondos individuales, no cabe duda cual sería la respuesta.

No existe la fórmula mágica para tener un sistema de pensiones perfecto. En ningún país del mundo un trabajador se jubila con el 100% de su sueldo bajo un sistema que sea sostenible. La insuficiencia del monto de las pensiones afecta a todos los países, especialmente cuando existen variables como la longevidad en la esperanza de vida, un crecimiento demográfico negativo y el constante encarecimiento del costo de vida. El debate de cómo mejorar las pensiones para nuestros jubilados y para

139. Wisecarver (1992), p. 25.
140. Wisecarver (1992), p. 25.
141. Wisecarver (1992), p. 221.

quienes más tarde saldrán de la vida productiva, está en todo el mundo, incluso en los países más ricos. Prácticamente todos los sistemas previsionales están entregando pensiones, en general, insuficientes. Pero claramente el camino estatista e igualitarista no es la solución; agudiza el problema en lugar de resolverlo. Las sociedades serias y maduras estudian la situación, sacan conclusiones y hacen las reformas necesarias; no destruyen el sistema ni construyen uno desde los escombros.

En enero de 2020, Francia sufrió masivas y violentas protestas organizadas por diferentes organizaciones sindicales en rechazo a los cambios propuestos por el gobierno al sistema previsional público del país. Pero ni los propios sindicalistas se ponían de acuerdo en sus demandas. Algunos se abrían a unificar el caótico sistema de los 42 regímenes de pensión existente y a extender la edad de retiro a 64 años, de los actuales 62; otras agrupaciones sindicales se negaban a las reformas. Mientras el país se paralizó por cerca de dos meses, Francia continuaba sin reformar su antiguo, ineficiente y gigantesco sistema previsional público. Aunque los franceses son los trabajadores más productivos del mundo –pese a pasar de una huelga a otra- sus pensiones están haciendo crisis, ya que el Estado sobreendeudado no será capaz de entregar la misma cantidad de pensiones en el futuro, considerando que cada vez hay más jubilados que pagar. El gobierno francés tiene dos opciones: continuar satisfaciendo las demandas de los sindicatos movilizados (instrumentos de la izquierda) y seguir agudizando el déficit fiscal del Estado, comprometiendo además el crecimiento y los empleos. Si los franceses no fueran los mejores trabajadores del mundo, estarían hace años en una profunda crisis. Mientras el Estado continúe sin reformar su sistema de pensiones -el cual tiene un costo equivalente al 14% de su PIB-, Francia seguirá sentada en una bomba de tiempo que amenaza con explotar pobreza. A modo de comparación, el fisco galo destina alrededor de un 5% de su PIB en educación y un 10% en salud. Es decir, las jubilaciones son casi el mismo gasto que salud y educación pública combinadas. Acorde a lo anterior, la mayor carga para los contribuyentes franceses es mantener las jubilaciones de sus adultos mayores. Todo indica que la situación seguirá empeorando. La segunda opción es enfrentar la impopularidad de reformar el sistema de pensiones (aunque se estima que una muy considerable parte de la sociedad francesa está de acuerdo en hacerlo) y abrirla a la capitalización individual, como también a prorrogar la edad de jubilación. Ambas alternativas resultan inaceptables para el socialismo francés y sus movimientos sindicales. Por ahora todo sigue en punto muerto y seguramente Francia seguirá año a año en movilizaciones hasta que algún gobierno se atreva a *agarrar el toro por las astas.*

Como señaláramos en un principio, no existe un sistema de pensiones perfecto, en que cada sociedad se sienta completamente satisfecha. Todos necesitan o una reforma estructural o ciertos ajustes que modernicen sus modelos, teniendo en cuenta las variables demográficas, financieras y macroeconómicas. La permanente búsqueda entre sustentabilidad y beneficios es el mayor desafío para los gobiernos. Cada vez hay más pensionados en el mundo, quienes requieren de mayores recursos, pero al mismo tiempo ese grupo inclina la balanza en los sistemas democráticos, siendo un sector apetecido electoralmente.

Existen mediciones internacionales comparativas respecto a los sistemas de pensiones en el mundo, tales como el *Global Retirement Index* o el *Melbourne Mercer Global Pension Index* (MMGPI). Asimismo, instituciones financieras internacionales como el FMI, el Banco Mundial y la OCDE publican estudios sobre la materia con la finalidad de guiar las políticas públicas. Tomemos por ejemplo el MMGPI, referido por los especialistas como el estudio comparativo más completo en su categoría. En sus últimas dos versiones (2018 y 2019) Holanda obtuvo el primer lugar del ránking, el cual valora adecuación (tasa de reemplazo), integración (estructura del sistema de pensiones público/privada) y sostenibilidad (disponibilidad de recursos).[142] Chile se ubicó en el 8º y 10º lugar del ranking mundial en sus dos últimas versiones, solo por detrás de Holanda, Dinamarca, Australia, Finlandia, Suecia, Noruega, Singapur, Nueva Zelandia y Canadá. Del selecto top 10 de los mejores sistemas previsionales del mundo, hay cuatro países que cuentan con un régimen de capitalización individual obligatorio (Australia, Chile, Dinamarca y Suecia) aunque también con participación del Estado en los otros casos. El resto de los países mezcla el sistema de los tres pilares -solidario, privado y voluntario- con una intervención variable del Estado. Es decir, todos esos modelos incorporaron la iniciativa privada para complementar las pensiones.

Un caso que debe analizarse es el de Holanda, el campeón del mundo por dos años consecutivos en los montos de jubilación para sus pensionados, alcanzando 80% de la tasa de reemplazo. Sin embargo, tras las espectaculares cifras de un sistema que funciona en mayor medida controlado por el Estado, se encuentra la necesidad imperiosa de reformarlo. El sistema previsional de los Países Bajos, al igual que la mayoría de los que están en el top-ten, esconden detrás de sus satisfechos jubilados de hoy un futuro incierto y gris para los pensionados del futuro. El sistema holandés fue creado en la década de los cincuenta, cuando el país, al igual que el resto de gran parte del mundo, estaba lejos de verse afectado por el decrecimiento demográfico. No es ningún misterio que el cruce de curvas

142. Mercer (2019), p. 5.

entre una sociedad envejecida, con muchas bocas que alimentar, pero menos brazos para trabajar, hace que tarde o temprano el sistema colapse. Al igual que muchos países, el sistema previsional holandés es mixto. Se compone del clásico *pay-as-you-go*, es decir, una caja fiscal universal de reparto; como también fondos de capitalización individuales y colectivos de carácter privado contribuidos tanto por el empleado como por el empleador. El descuento del sueldo o los ingresos equivalen al 20% (el doble que en Chile) y van a un fondo común que también invierte ahorros en el mercado financiero. Con la crisis de 2008, una considerable parte de los fondos se esfumaron con el resultado de las inversiones. Según diversos estudios, el fondo común holandés va agotando sus reservas. Se estima que, para 2040, Holanda no pueda entregar pensiones según el modelo actual. Una solución que en una mínima parte dilataría el trágico escenario es retardar la edad de jubilación a los 70 años, pero lo anterior -al igual que en Francia- no solo resulta impopular, sino que se encuentra con la enconada posición de la izquierda y sus sindicatos. Otra alternativa, sería reducir las altas pensiones que gozan hoy los jubilados holandeses, pero aquello también crearía un problema de decisión política. De no mediar una reforma, habrá que financiar las pensiones por medios de mayores impuestos o endeudar al Estado indefinidamente. Holanda sufre los mismos problemas que los países que cuentan con sistema de reparto. El monto de sus pensiones puede ser el mejor del mundo, pero los mismos holandeses saben (tal como se los señaló su monarca) que no son sostenibles. Les quedan dos caminos: o permanecen en la autocomplacencia y se posterga el debate indefinidamente, o se encara el asunto con visión. Los países ricos con Estados de Bienestar deberán enfrentar la frustración de no continuar beneficiándose de la manera que estaban acostumbrados de los servicios sociales fiscales. No tienen más opción que la austeridad o la ruina. Como reza el dicho, *pan para hoy, hambre para mañana.*

Distinta es la suerte de países como Australia, Nueva Zelandia, Suecia, Reino Unido y Chile. Sus sistemas mixtos de tres pilares permiten no sobrecargar al Estado con repartir las pensiones recolectadas más el saldo, ya que el fondo en caja es siempre insuficiente. En Australia, por ejemplo, las cotizaciones se dividen en: una parte básica entregada por el fisco (o como eufemísticamente bautizaron los socialistas, pilar solidario), otra parte aportada por el empleador y un tercer pilar voluntario de carácter privado. Parte del fondo es invertido en infraestructura nacional y otras áreas. Similar al caso chileno, los fondos previsionales no son estáticos, sino que dinámicos, lo que permite en general una mayor rentabilidad para los individuos, pero al mismo tiempo generan un aporte a toda la economía. Suecia, el otrora campeón socialista para la izquierda latinoamericana, en 1994 inició una reforma previsional que le dio la bienvenida a la capitalización individual, conviviendo con el aporte estatal. Entonces, si varios de los países señalados reformaron su sistema de pensiones desde la década de los ochenta, es difícil no colegir que aquellas reformas fueron influidas por el modelo chileno. La reforma previsional de 1981 en Chile fue la primera reforma estructural de un sistema de pensión en el mundo. Si fuera tan malo -como se empeña en vociferar la izquierda-, ¿acaso sería en parte asimilada por los países más desarrollados del mundo? Lo más paradójico es que, mientras el resto del mundo avanza hacia la privatización, Chile, país referente de aquel modelo, retrocede hacia la estatización.

Más allá de la demagogia colectivista que sostiene que las pensiones deben ser administradas por el Estado, o al menos que el fisco tenga mayor injerencia, no se ha promovido ningún modelo alternativo serio. Por ejemplo, movimientos como el *No+AFP*, herramienta de la izquierda radical, cuyo propósito no es solo desmantelar nuestro sistema previsional de capitalización individual, sino que derribar todo el sistema económico, genera una gran parte de la desinformación amplificada por los medios de comunicación a fines a su causa.

Paradojalmente, en el caso chileno, la reforma que persigue una participación del Estado en el aparato previsional fue impulsado por un gobierno liberal. La reforma en materia de pensiones anunciada por el Ejecutivo en 2019 pretende, entre sus medidas más importantes, el aumento de 10% a 16% en la cotización de los trabajadores. Ese nuevo 6% (el cual se aplicará de manera gradual en doce años) será aportado por el empleador, cuyo monto será dividido en dos partes iguales para la cuenta privada del empleado y para un fondo nacional común. Un incremento en el descuento previsional era necesario según algunos especialistas, incluso para las AFP; pero el gobierno no tuvo más alternativa que marginar a las empresas de administrar el nuevo 6%, por lo que el proyecto contempla la creación de una institución fiscal que maneje dichos fondos.

La formulación de aquella última propuesta constituye quizás el mayor retroceso en materia de política previsional en casi cuarenta años, la cual solo podría llegar a entenderse a través de dos hipótesis. La primera, relacionada con propósitos electorales del oficialismo: no es desconocido que las campañas de desinformación y desprestigio han minado la confianza de una parte importante de la sociedad hacia las AFP, pues la defensa del actual modelo no genera capital político. De hecho, no se perciben en la derecha referentes que realicen una defensa consistente del sistema actual. La segunda hipótesis respecto al proyecto de reforma previsional, el cual tiene pendiente su debate en el Congreso, podría concebirse bajo la premisa que es conveniente para el sistema un cambio moderado a una contrarreforma estructural que podría eventualmente impulsarse por una próxima administración de distinta tendencia política. El problema de aquella apuesta es que, por mucho que el actual gobierno se presente ante la opinión pública como reformador del sistema de pensiones e inyecte cuantiosos recursos del Estado para el mejoramiento del pilar solidario, la izquierda siempre lo presentará como insuficiente. Más aún, en una nueva Constitución los grupos de presión antisistema y la izquierda radical podrían construir un orden jurídico sin las AFP, estatizando el sistema previsional y confiscando los ahorros de los cotizantes *por el bien común*.

Independiente del resultado de la reforma previsional y del plebiscito constitucional, el profundo daño a la imagen de las AFP, como dijimos, ya está hecho. Años de hegemonía cultural de que ha gozado la izquierda, en conjunto con la inacción de la derecha y de los defensores de la libertad y responsabilidad individual, han minado el sistema hasta ponerlo al borde del abismo. El conjunto de acusaciones basadas en percepciones que sostienen los argumentos de la izquierda por socavar el sistema en su conjunto demonizó a un modelo previsional que empíricamente funciona, lo que ha sido reconocido por los estudios a nivel internacional de agencias especializadas.

¿Cuáles son los argumentos de fondo de la izquierda para desechar el sistema previsional? Las dos premisas más comunes son: a) *Las pensiones que dan las AFP son malas*, y b) *Las AFP se roban la plata y lucran con el esfuerzo de los trabajadores*.

a) *Las pensiones que dan las AFP son malas*

¿Son realmente malas las pensiones en Chile? Existe coincidencia en la mayoría de los sectores que para una parte importante de los pensionados el monto de la jubilación es insuficiente y que es necesario que ello se solucione urgentemente. La reforma previsional impulsada por el gobierno de Sebastián Piñera dio un paso trascendental en esa dirección. El problema central tiene que ver con las expectativas de las personas en relación con su jubilación. ¿Son justas o injustas las pensiones? El caballo de batalla de la izquierda para demonizar a las AFP es acusarlas de entregar pensiones *ínfimas e indignas*. Para desactivar la retórica socialista -con el precio de quedar eventualmente a priori como un desalmado e insensible- se debe tener presente lo siguiente.

Las pensiones no son otorgadas de manera arbitraria por la AFP, sino que corresponden a ley y a los años de cotización de un trabajador. Ningún sistema de pensiones en el mundo fue creado para entregar pensiones que representen una tasa de retorno de 100%, mucho menos desligado de los años de cotización de cada individuo. Si se toma el hecho que 53% de los pensionados chilenos cotizó en promedio menos de 15 años, es matemática simple concluir que la *pensión* será insuficiente. De hecho, el monto que reciben estas personas es del orden de $123.000. Los estudios internacionales señalan que un individuo que cotizó menos del tiempo ya señalado no debería recibir lo que se denomina pensión, sino que más bien una subvención o ayuda estatal. En contraposición, solo 10% de los asalariados cotizó 30 años o más, recibiendo una jubilación en promedio sobre los $460.000, cifra más cercana a los estándares de países OCDE.

El modelo de pensiones chilenos no es *neoliberal*, como lo etiquetan algunos activistas marxistas. El hecho de que obligue a todos los trabajadores a cotizar está fuera de la lógica del liberalismo clásico. Sin embargo, el sistema de capitalización individual apela a un valor esencial del liberalismo, que es precisamente la responsabilidad personal. Es el individuo y no el fisco el que construye su propio futuro. Diversos estudios sostienen que, de no existir la obligatoriedad en el aporte personal para las cuentas, muy pocas personas cotizarían, no solo en Chile, sino a nivel mundial.

En vista de lo anterior, resulta preocupante que una parte importante de la sociedad no sepa de dónde provienen las pensiones. Una pensión baja es en mayor medida responsabilidad del mismo trabajador, como asimismo de la falta de trabajo; pero afirmar aquello en el mundo de la política tiene un precio que casi nadie está dispuesto a pagar. Otro factor que afecta enormemente el monto de las pensiones es la falta de empleo. El desempleo es la principal causa de pobreza en un país, pero el efecto nocivo para el individuo y sus familias es doble. No solo la persona no aporta para satisfacer la necesidad de cada hogar, sino que cada mes sin imposición previsional lo condena paulatinamente a una pensión insuficiente.

Ya vimos en capítulos anteriores como la intervención estatal desmedida genera un círculo vicioso para el crecimiento y por ende para el empleo. Además, las políticas laborales supuestamente en defensa de los intereses del trabajador al final atentan contra ellos mismos, al volverse más cara y escasa la mano de obra. Al existir menos demanda laboral, crece la informalidad, la cual en Chile es del orden del 29%.[143] Es decir, en las condiciones actuales, un tercio de la fuerza laboral del país está fuera del sistema previsional, tanto en salud como en pensiones. Es ese

143. INE (2020).

30% el que llega a los 60 y 65 años con una jubilación *mala*, que no corresponde denominarla jubilación o pensión, sino que a un aporte solidario mínimo por parte del Estado. Es aquella la que es convertida por la propaganda socialista como el resultado injusto e inmoral del sistema previsional capitalista.

Otro factor de las denominadas *lagunas* previsionales, que es una de las principales causas de pensiones que se encuentran bajo el promedio, es la falta de pagos de imposiciones por parte del empleador. Lo anterior no solo atenta contra la legislación vigente, sino que causa un daño enorme al propio trabajador, quien debería ser el primer interesado en denunciar la irregularidad a las autoridades correspondientes. Sin embargo, según la evidencia existente, no son los empresarios quienes se aprovechan de no cumplir con sus obligaciones con sus empleados. La mayor evasión en cotizaciones proviene del sector público, particularmente desde las municipalidades.[144]

Hay otras más variables que considerar, pero para cerrar con el punto, no se debe olvidar la importancia de los indicadores vegetativos. El crecimiento de la esperanza de vida es un factor que incide en el monto de las pensiones. Sin embargo, también la izquierda ha creado mitos respecto a una supuesta manipulación por parte de las AFP con la finalidad de "pagar menos" a los jubilados y apropiarse de sus recursos. La denominada *tabla de mortalidad* ha sido materia de juicios y mitos urbanos, pero se trata de una desinformación fácil de explicar. Primero, las tablas no fueron inventadas por las AFP, sino que corresponden a una ley. Tampoco son confeccionadas por las AFP: la Superintendencia de Pensiones (SP) es la encargada de actualizarlas, con asesoría técnica de la OCDE y otras instituciones. De hecho,

144. Larraín (2020).

en países como Suiza la tabla llega a los 140 años, en Japón sobrepasa los 125 y en otros como Alemania y EE. UU. toca los 120.[145]

Las tablas de mortalidad fueron creadas con el lógico fin de calcular la pensión a entregar, dividida en el máximo probable de años que una persona puede vivir. Dado que siempre existirá la mínima posibilidad que alguien viva hasta los 110 años, e incluso más, la SP determinó como tope máximo de pago de pensión para una persona que viva hasta los 110 años. De no ser así, y establecer, por ejemplo, la expectativa de vida actual (81 en promedio) sería un grave problema que los individuos que superen esa edad no sean acreedores de recibir una pensión que les permita seguir viviendo. ¿Entonces, dónde está el límite en que una persona deba recibir su jubilación? Lógicamente, hasta el último día de su vida, pero como aquello es imprevisible, el sistema debió poner un máximo de años que incluyera al 99,9% de la población.

Pero los activistas de izquierda aprovecharon un elemento técnico difícil de explicar para desinformar a la población, haciéndole creer que las AFP estiraron al máximo posible la expectativa de vida de los chilenos, con la finalidad de distribuir en más años la pensión y por ende pagar menos. Lo perverso de aquella idea es difundir la información que, dado que la mayoría de los chilenos mueren en su octava década, el diferencial proyectado hasta los 110 años queda en manos de la compañía. Nada menos verídico que aquello. Por último, dado que el modelo matemático aplicado a la tabla es proporcional en relación con la probabilidad de supervivencia posterior a los 86-91 años, el impacto sobre las pensiones calculadas con un máximo de 110 años es prácticamente nulo, menos del 0,5%.

145. *Emol* (08/11/2019).

La percepción popular juega un rol trascendental en materia de pensiones. Al inicio de la reforma de los años ochenta se generaron expectativas en cuanto a tasas de retorno que finalmente no se cumplieron. Los principales motivos de aquello fue lo antes explicado: años de cotizaciones insuficientes, falta de trabajo, existencia del mercado informal y una expectativa de vida mucho mayor a la proyectada a comienzos de la década de los ochenta.

b) *Las AFP nos roban los ahorros de toda la vida*

Ni un peso más a las AFP, es el lema del colectivo *No+AFP*, movimiento que como señalamos más atrás, corresponde a una de las herramientas actuales del marxismo chileno. Aprovechándose del dramático grado de desconocimiento de los chilenos respecto a su sistema de pensiones, los activistas antisistema lograron instalar una narrativa de desprestigio contras las AFP. Además de la afirmación ya desmitificada respecto a que las AFP dan *malas pensiones*, otra de las aseveraciones favoritas de la izquierda y de la calle es que las administradoras se roban los recursos. Lógicamente, la acusación, lejos de tener cualquier base empírica, carece de toda moralidad, transformándose en una de las mentiras más flagrantes y malintencionadas sobre el sistema. Ya dijimos que ningún sistema de pensiones en el mundo es perfecto. Pero si el modelo de pensiones chileno está ubicado entre los mejores del mundo según la evidencia internacional especializada, es porque, como fuera explicado, tiene elementos rescatables. Si el chileno promedio tomara dos horas de su vida para meterse en internet y leer o ver videos sobre cómo funciona el sistema previsional vigente, horas y horas de conferencias o incluso la redacción de este mismo trabajo serían innecesarias. Es cierto que el sistema es complejo, y esa ha sido precisamente una de las desventajas comunicacionales que las AFP recién están revirtiendo. Pero, como ya fuera mencionado, basta breve tiempo para aprender que las AFP no funcionan robándole los fondos a los cotizantes; todo lo contrario, generan riqueza para el trabajador.

Para abordar este punto, se deben tener claros dos conceptos técnicos: comisión y rentabilidad. Lo que *No+AFP* y otros grupos de presión izquierdistas llaman *el robo de las AFP a los trabajadores*, es lo que quieren tergiversar con el concepto de *comisión*. Desde la creación de las AFP a comienzos de la década de los ochenta, se estableció legalmente que, para garantizar su funcionamiento y sus utilidades o lucro, cada cotizante debe pagar una comisión por administración, que hoy en día se encuentra entre 0,69% a 1,27% del porcentaje de renta imponible. Eso es todo lo que nos cobra una AFP, dependiendo de la compañía. Usualmente, las AFP que mantienen mejor rentabilidad cobran mayor comisión, si no, no tendría sentido pagar más caro, pero al final es una completa decisión del trabajador. Por supuesto, si sumáramos todo el dinero que generan las comisiones se trata de miles de millones de pesos, y ese es justamente el incentivo que tienen las AFP para su existencia. ¿Hay lucro en las comisiones? Por supuesto que lo hay. ¿Hay algo maligno o inmoral en aquello? Ahí es cuando entra al ruedo el factor político o ideológico. Para un liberal, es completamente justo y bienvenido que exista un incentivo para una empresa y que genere riqueza para todas las partes de las transacciones. Pero para un socialista, resulta inaceptable que se lucre en base a *derechos sociales*, sin importar que este lucro genere un círculo virtuoso para todos, incluyendo al Estado.

Si no existiera el lucro, no habría AFP. Si no hubiera AFP, las pensiones de los chilenos serían un 70% más bajas, ya que no existiría la rentabilidad que solo puede ofrecer un sistema de capitalización individual. Pero sigamos haciendo supuestos. Si Chile hubiera conservado su sistema de reparto anterior a la reforma de 1981, con el número actual de trabajadores, la presión demográfica y sin el reajuste por IPC, las pensiones simplemente no existirían o serían ínfimas, independientemente de los años de cotización. Para solucionar lo anterior, o habría que incrementar en gran medida los impuestos o endeudar indefinidamente al Estado.

Si los países más ricos del mundo están teniendo problemas para solventar las pensiones en los viejos sistemas de reparto europeos, no es difícil imaginar lo que pasaría en Chile. Al otro lado de la cordillera, por ejemplo, el 60% del erario nacional argentino se destina a jubilaciones y pensiones. ¿Cuánto recibe más de la mitad del pensionado argentino mensualmente desde su sistema estatal? $14.068 (ARG), es decir, aproximadamente 200 euros, es decir, similar a lo recibido por la mitad de los pensionados chilenos que cotizaron en promedio 15 años. Pero el problema que tiene Argentina es que su sistema estático ya alcanzó todo su potencial y se encuentra en franco descenso. Cada año las pensiones serán más bajas, ya que siempre crecerá el número de jubilados, a menos que el Estado decida seguir subiendo los impuestos y endeudándose para cubrir la diferencia. El problema es que ya nadie le va a seguir otorgando créditos a un país que rehúye de pagarlos. Además, hay que recordar que en ese país la inflación es del 50%, por lo que el poder real adquisitivo se reduce a la mitad para un jubilado. La situación es dramática.

En Chile, luego de la reforma impulsada por el actual gobierno, las pensiones más bajas deberían subir 50%, por lo que el sistema nacional, al ser más flexible y dinámico, permite que se hagan ajustes que favorezcan a la población, sin tener que pasar la retroexcavadora al sistema, como alguna vez amenazó un ex Presidente del Senado chileno. Lo que tampoco dicen los socialistas es que 70% de las pensiones recibidas no provienen de los aportes personales, sino que de la rentabilidad de los fondos. Es decir, las decisiones acertadas de las AFP en invertir el dinero recolectado de los fondos particulares benefician a los trabajadores. Resulta difícil pensar en alguna inversión en general que otorgue un 70% de rentabilidad. Es decir, usted pone 3 pesos en su cuenta y la AFP le pone 7. Lógicamente esto varía según el comportamiento del mercado, pero se trata de una rentabilidad sobre la media. Cabe recordar que en Chile la ley vigente establece un descuento del 10% al sueldo bruto; en otros países OCDE este varía hasta 30%. Si los chilenos estuvieran dispuestos a invertir más de su salario en jubilación, lógicamente tendríamos un retorno muchísimo mayor y seguramente las pensiones no serían tema de debate. Sin embargo, como se ha señalado en capítulos anteriores, queremos tener servicios de país nórdico con impuestos bajos. Para finalizar el asunto de las comisiones, cabe señalar que, comparadas con los países OCDE, las comisiones en Chile están entre las más bajas.[146] Además, en Chile, las AFP no cobran comisión a personas que no estén trabajando. Si las AFP devolvieran todas las comisiones a sus afiliados, como pretende el colectivo *No+AFP*, las jubilaciones aumentarían en promedio 10 mil pesos aproximadamente. Habría que ser muy mal negociador para cambiar un 70% de rentabilidad promedio en las cuentas de los trabajadores a cambio de 10 mil pesos. ¿Son las pensiones efectivamente un derecho social? ¿Son justas o injustas las pensiones que los jubilados reciben actualmente? No se trata de justicia, sino que de falta de recursos. Lógicamente que a cualquiera le puede

146. Estadísticas globales de pensión OCDE, 2019.

generar indignación que un adulto mayor esté viviendo en aprietos económicos o bajo la línea de la pobreza al final de una vida de sacrificios. Todos queremos vivir en un país donde a nadie le falte lo necesario para una vida digna. Sin embargo, los caminos para alcanzar esa meta difieren técnica e ideológicamente.

La pobreza es desconcertante e indignante. Pero si una jubilación es mala porque la persona no ahorró lo suficiente, ¿es justo que lo financien otros? El Estado no genera recursos por sí mismo, sino que los recauda a través de la redistribución, la existencia de empresas públicas o el endeudamiento. Cuando se llega al extremo de la insalubridad financiera y el populismo criollo, que es la emisión de efectivo para costear subsidios, se puede generar pensiones solidarias de manera universal, pero, como vimos, son insostenibles. Los grandes problemas económicos y sociales no se resuelven con argumentos morales.

Si en el mundo de los adultos existe completa libertad para adquirir bienes de consumo, decidir si levantarse a trabajar o quedarse en casa, gastarse el presupuesto del año en vacaciones o ahorrarlas, también debe existir la libertad de decidir si prefiero financiar mi jubilación. Pero el socialista dirá que hay dinero para todo, menos para *derechos sociales*, los cuales deben ser cubiertos por el Estado, es decir, por el trabajo de otros. Cuando se trata de costear responsabilidades realmente importantes para el individuo y su familia, es decir, salud, educación y pensión, de inmediato nos transformamos en seres incapaces de hacerlo.

¿Es moralmente aceptable entregarle la carga de mi vejez a terceros que no tengan ninguna vinculación personal? Si un individuo, independiente de las razones que haya tenido para no cotizar lo suficiente, no le alcanza para una jubilación digna,

¿es justo que otros se tengan que responsabilizar de sus propios problemas? Es ahí el debate ideológico sobre qué sociedad queremos tener.

No se trata de manifestarse en contra del rol que pueda tener el Estado en ayudar a sus más necesitados; todo lo contrario. Chile ha tenido una experiencia positiva en el combate contra la pobreza través de la focalización del gasto social, entregando recursos necesarios para impulsar a que las familias salgan de la pobreza, pero fomentando al mismo tiempo su propio esfuerzo y responsabilidad. Las pensiones deben seguir el mismo camino. Una subvención estatal a las pensiones más bajas resulta necesaria y urgente, pero esta no puede convertirse en una subvención de carácter universal. Simplemente no existen los recursos para ello.

Por otra parte, es fundamental cambiar el concepto mismo de las pensiones y adecuarlas a la era actual. Como aquí se ha reiterado, debido al cambio demográfico será insostenible el sistema de reparto en el mediano plazo: eso lo prueba toda la evidencia. Uno de los problemas en las expectativas del monto de las jubilaciones es entenderlas como un sueldo de una persona pasiva. Dado que los jubilados no trabajan, no pueden tener sueldo, por lo tanto, es irreal que alcancen un nivel de vida similar ni mucho menos mejor al que tenían cuando eran activos. Debido a lo anterior, y aunque resulte sumamente impopular reconocerlo, el concepto de pensiones debe adecuarse a una era donde son cada vez menos los que trabajan en relación con los que ya no lo hacen. Esa realidad implica que ya no se puede esperar lo mismo de una jubilación. Lo anterior forzará a las personas a reconocer que deben crear fuentes alternativas de financiamiento (ahorrar para adquirir una segunda vivienda o arrendar un dormitorio de su casa para conseguir una renta extra, prolongar la vida laboral, o apoyarse en las redes familiares).

Entender los sistemas previsionales casi de la misma manera que los concibió Bismarck a fines del siglo XIX es engañarnos a nosotros mismos y sobre todo a quienes trabajan hoy y creen que su jubilación en 30, 20 o 10 años más los cubrirá. La curva entre expectativas y la realidad deberá enfrentarse de manera inminente. No se trata de ser moral o inmoral, justo o desalmado. Se trata de observar el presente de manera crítica y generar propuestas que harán la diferencia entre un país pujante y otro en la decadencia e inferioridad económica.

El informe *Mercer* no recomienda un cambio estructural al sistema previsional chileno, sino que, dado que su arquitectura es prácticamente la misma que la de los sistemas mejor clasificados, su recomendación se enfoca en adaptar los parámetros del sistema a la realidad demográfica y del mercado laboral.[147] Lo anterior confirma que el sistema previsional chileno no necesita un cambio estructural, sino ajustes asumidos de manera transversal.

Cuando en julio de 2020 surgió el debate en el Congreso Nacional respecto a la devolución del diez por ciento de los fondos previsionales individuales -promovido como una entrega de recursos frescos a una parte importante de la población, agobiada por la falta de ingresos luego de meses de cuarentena-, la izquierda intuyó el momento ideal para asestar un primer golpe directo al sistema previsional chileno.

Se trataba de una medida inédita de alcances mayúsculos. El proyecto contemplaba que las AFP debían entregar en dinero los ahorros a los cotizantes que los solicitaban. La evidencia técnica (sostenida por especialistas desde la centroizquierda a la derecha política) era que tal medida no haría sino bajar el valor de los fondos: unos dos tercios de estos son pura rentabilidad, y la venta masiva de acciones

147. *Diario Financiero* (13/01/2020).

desplomaría el monto de los fondos. Sin embargo, la clase política en su mayoría hizo caso omiso de la evidencia. Paradójicamente, la idea había sido impulsada por un diputado perteneciente a un partido tradicional de la centroderecha chilena, siendo luego acogida con gusto por una izquierda complacida de observar cómo sus contrinantes se inmolaban en fuego amigo.

La iniciativa prendió como pasto seco: un voraz incendio imposible de enfrentar por el gobierno, cuyo gabinete se partió en dos. Los diputados de la izquierda radical celebraron su victoria en la Sala de la Cámara cual final de Copa América. Una de las "honorables", reconocida antisistema, avisó que se trataba del primer torpedo a la línea de flotación del modelo económico chileno, es decir, las AFP. El golpe de gracia, en sus palabras, vendría después del plebiscito.

Mientras la opinión pública se debatía respecto a la profunda derrota del Ejecutivo y cómo se las arreglaría para sobrevivir los próximos dos años de gobierno restantes, pocos se dieron cuenta del disparo en los pies que se hizo la izquierda: en su afán de demoler a las AFP, terminó legitimándolas de forma, tal vez, definitiva.

Quizás por primera vez, la sociedad se dio cuenta de que ese 10% acumulado en sus cuentas eran de su propiedad: cada afiliado fue informado por su AFP del hecho evidente de que el dinero que puso en la cuenta, más la rentabilidad, era suyo. Con esta reforma constitucional, la izquierda trató de deslegitimar al sistema de pensiones, pero no reparó en la fuerza de los hechos: el trabajador veía que el dinero era suyo, y su AFP cumplía con entregárselo.

Las AFP fueron lo suficientemente prudentes y visionarias como para resistir el golpe recibido (debían entregar cerca de 8 mil millones de dólares en un plazo de días), el cual afectaría la cartera de inversiones de las compañías y los retornos de los cotizantes. Estas empresas demostraron, a través de una titánica campaña logística, que las personas tendrían su dinero en cuanto lo solicitasen. De esta manera, la acusación de la izquierda a las AFP de confiscar los fondos, en cosa de días no solo se esfumó, sino que produjo el escenario inverso. Ahora eran las odiadas AFP las que pagaban a la gente de manera eficiente sus propios fondos, en los momentos en que más los necesitaban.

El respeto por la propiedad individual y la eficiencia son atributos que distinguen a las AFP. No se puede decir lo mismo, en cambio, del oneroso y burocrático sistema de reparto que padecen las Fuerzas Armadas y Carabineros; así como, por cierto, de otros sistemas de aseguramiento ante riesgos que subsisten en algunas organizaciones. Un caso embarazoso es el del Colegio de Profesores, del que en estos días se ha dado a conocer que ha mantenido impagas por años las cuotas mortuorias de muchos de sus afiliados fallecidos, con evidente perjuicio material y moral para sus familiares. Dichos aportes son financiados, también, en un esquema de reparto, lo que ha llevado a su colapso. Así, el Colegio de Profesores, conocido por su corrosiva retórica de extrema izquierda, es sin embargo incapaz de asegurar a sus afiliados y a las familias de estos la "justicia social" que tanto ensalza.

Después de la batalla legislativa de julio de 2020 por el 10%, habrá que ver cómo el socialismo reinventa su retórica para volver a convencer a la sociedad que la existencia de las AFP significa miseria para los chilenos. Los mismos millones de chilenos que recibieron esos recursos y pagaron deudas, pero también compraron televisores, automóviles y celulares. La misma izquierda que le recordó a la ciudadanía lo sagrado de la propiedad privada.

Como vimos, la reforma previsional apunta en esa dirección. No son las AFP las que requieren una reforma ni mucho menos una intervención. Es el Estado el que debe fomentar el ambiente necesario para dinamizar el crecimiento económico y por ende el empleo, no entorpecerlo. Es el Estado el que debe intervenir en el sentido de dar protección al empleo formal y castigar a quienes no imponen a sus trabajadores, como asimismo a los empleados que solicitan que no se cumplan sus imposiciones legales. No existe inconveniente que el pilar solidario continúe en crecimiento, pero este debe ser gradual y de acuerdo con las posibilidades económicas del país.

La izquierda derrocha valioso tiempo en el Congreso buscando reducir las horas laborales, desincentivando la creación de empleo. ¿Por qué no canalizan esos mismos esfuerzos en impulsar medidas que reduzcan los escandalosos niveles de informalidad laboral en Chile? Pero para ellos el desempleo, las lagunas en la cotización individual o la inmigración descontrolada nunca son causas o, al menos, no lo suficientemente justas como le gustaría a una parte de la sociedad.

Las pensiones *son malas* porque las entregan *privados inescrupulosos.* Lamentablemente, ese eslogan simplista quedó pegado en el oído de la gente como la canción veraniega de moda. Por una triste desinformación y un grupo de activistas con lienzos y megáfonos que nunca estudiaron en qué consiste un sistema previsional, Chile está ad-portas de perder un sistema que, si bien requiere un *upgrade*, ha generado y participado de las décadas de mayor esplendor nacional.

3. La buena educación

La apropiación del discurso de los denominados *derechos sociales* fue la culpable de las matanzas más numerosas y horrendas en la historia de la humanidad. Determinar qué es la esfera de lo público y qué pertenece a lo privado acumuló decenas, sino cientos, de millones de muertos en Rusia, China, España, Corea, Vietnam, Cuba, Colombia y muchos otros países.

Seguramente, el pelotón de fusilamiento que en el verano de 1918 en Ekaterimburgo exterminó a la familia imperial rusa y sus sirvientes no disparó en nombre de la igualdad social o ajusticiando en nombre del pueblo explotado. Más inspirados en el vodka y en las instrucciones de sus superiores que en el materialismo dialéctico, los milicianos bolcheviques no cometieron uno de los crímenes más viles y recordados del siglo XX en pos de la vivienda, salud, pensiones o educación gratuita, pero quienes dieron las órdenes desde San Petersburgo estaban ajusticiando en nombre de la revolución que daba sus primeros pasos. La doctrina comunista no deja nada al azar. Toda iniciativa es colectivizada, suprimiéndose el espacio privado incluso en las relaciones íntimas. Una de las figuras internacionales del marxismo, el Nobel de literatura Gabriel García Márquez, cuenta horrorizado en su viaje a la Unión Soviética de los años sesenta cómo los rusos ni siquiera tenían la posibilidad de a ir a un baño público de manera privada.

Al fin y al cabo, hay una sutil diferencia entre el acto de ir a defecar en público y la apropiación de la izquierda de los denominados *derechos sociales*. Cuando se intenta estatizar todo, anteponiendo moralmente el bienestar público al derecho de existencia del individuo, estamos presenciando una violación tan abierta a la dignidad humana como lo son los instantes en que un individuo desea ir al baño sin compañía. La gracia de los regímenes totalitarios se basa precisamente en reducir al individuo a su mínima expresión, siendo absorbido por la dinámica grupal-tribal.

La estatización de los servicios sigue una lógica similar a lo descrito anteriormente. Como fuera abordado en capítulos previos, resulta difuso el límite dibujado por la izquierda entre lo que se considera como público y lo que es propiedad privada. A veces, se comienza por estatizar de acuerdo con prioridades o *derechos sociales*: salud, pensiones, educación, vivienda. Pero la historia ha demostrado que el socialismo se alcanza por etapas, erradicando en su estadio superior toda la propiedad privada, incluso la vivienda, la que a su vez incluye el baño de los expropiados.

El control de la educación constituye uno de los objetivos primordiales del socialismo. Los socialistas saben mejor que nadie el valor de la educación y de la cultura. Aunque no se esté en el gobierno, siempre alentará la expropiación total de la educación, ya que sabe que es mucho más fácil reconquistar el poder político en un régimen democrático que ejecutar las expropiaciones. Al igual que muchas otras áreas públicas, la educación es menester de introducir medidas que mejoren las condiciones actuales. De aquello tratan las políticas públicas: incrementar el servicio prestado a la comunidad, pero por medios económicos posibles y sostenibles.

Existe transversal coincidencia en el ámbito político de que la educación pública chilena necesita cambios que generen un incremento de la calidad del servicio entregado. Para que esta mejora tenga lugar, al igual que otros servicios estatales, se trata fundamentalmente de superar un problema de falta de recursos. El resto no es más que un debate ideológico que no llevará al objeto que se persigue en este ámbito: el mejoramiento de la calidad de la educación pública por medios sostenibles. Pero en este debate hay que tener claro dos elementos fundamentales.

Primero, la educación pública en Chile ha avanzado enormemente, tanto en cobertura como en calidad. Se trata de una evidencia irrefutable, que lo avala no solo el número de alumnos que acceden a los cuatro niveles de la educación, sino las mediciones internacionales. Si la izquierda prefiere omitir la evidencia, es porque se trata de una discusión que se aleja del aspecto central, para convertirse en una pugna ideológica sobre el control de la educación. Segundo, resulta necesario demostrar que para conseguir los objetivos nacionales -y no políticos propuestos-, entendiendo la educación pública como un asunto de Estado, un cambio de Constitución resulta completamente innecesario e incluso contraproducente. La actual Carta Fundamental garantiza el acceso universal a la educación pública. ¿En qué medida una nueva institucionalidad generaría un salto cuantitativo en ella? ¿Qué molesta tanto a la izquierda del artículo 19 número 10 de la Constitución? ¿Acaso no señala claramente que el Estado debe financiar un sistema gratuito asegurando el acceso a toda la población? A tres años de promulgada la Ley N° 20.845, que establece el fin del sistema de *voucher* y los procesos de admisión descentralizados, los socialistas parecen haber olvidado que lograron gran parte de sus objetivos sin cambiar la Constitución, a excepción de uno: eliminar la oferta privada o hacerla lo suficientemente poco atractiva como para que muera lentamente.

En vista de lo anterior, es una falacia afirmar que en Chile no hay educación pública, universal y gratuita. ¿Queremos que se incremente la calidad? Creo que no hay nadie que esté en desacuerdo. El asunto fundamental radica en cómo hacerlo, es decir, precisamente cómo financiarla. De esta manera, se llega a la conclusión de que a la izquierda no la inspira el generar un incremento en la calidad de la educación. Su objetivo primordial es liquidar la existencia de privados de la oferta educacional, para monopolizar el control del servicio y crear un estándar uniforme e igualitario para todos. Al final no se trata de calidad, sino que de igualdad o *bajar a algunos de los patines*, como propuso un reconocido ministro de la ex Concertación. No hay que olvidar que, en la batalla ideológica, el socialismo conoce muy bien el ejemplo de uno de sus referentes, Antonio Gramsci. Controlando la educación se logra el poder sobre uno de los factores de hegemonía fundamentales, vinculados a la construcción de una nueva sociedad, eliminando la cultura anterior.[148]

Lucro viene del latín *lucrum*, que significa *beneficio*. Los años de hegemonía cultural gramsciana transformaron la palabra que literalmente significa beneficio en *abuso* o *usura*, aplicable para cualquier actividad económica. *Lucro y neoliberalismo* cargan con la misma etiqueta que le colgó el socialismo internacional. Se trata del arte de generar una metamorfosis de algo que debería costar tanto en cambiar, como la definición literal de una palabra. Si se hiciera una encuesta en Santiago respecto a cuál es el significado literal de la palabra *lucro,* probablemente la mayoría lo vincularía a una connotación peyorativa y no lo que va a encontrar en el Diccionario.

Curiosamente, los santiaguinos miraron con cierta simpatía a los escolares que se movilizaron en mayo de 2006 por todo el centro de la ciudad, generando destrozos y caos que los chilenos de aquella época no estaban acostumbrados a ver. La izquierda

148. Trebissace (2017), p. 197.

radical que reclutó a los niños de liceos pronto los transformó en imberbes héroes, entregándoles un repertorio que debían repetir una y otra vez ante los medios de comunicación. Los *mochilazos, pinguinazos* y otros tantos desórdenes públicos fueron aplaudidos por parte de la opinión pública. ¿Qué pedían los estudiantes de aquella época que se autodenominaron como los representantes de los estudiantes secundarios? Principalmente tres cosas. Primero, derogación de la *Ley Orgánica Constitucional de Educación* (LOCE). Segundo, derogación del Decreto 524 (regula los centros de alumnos). Tercero, el fin de la educación municipal. El mismo petitorio del Partido Comunista. Por supuesto, el Colegio de Profesores era componente importante en la organización de los paros y las tomas de sus alumnos movilizados.[149] Hasta el Frente Patriótico Manuel Rodríguez participó de las movilizaciones.

De esa manera, inspirados por antiguos movimientos anarquistas y de otros antisistema -apoyados incluso por organizaciones terroristas como el FPMR-, la izquierda, utilizando a los estudiantes secundarios, fue preparando el caldo de cultivo para generar grupos de presión contra el sistema educacional. Curiosamente, a esas alturas nadie siquiera nombró a la Constitución.

Pero con el advenimiento del primer gobierno de derecha en décadas, los movimientos estudiantiles y el sindicato de profesores incrementaron su presencia en las calles. En abril de 2011 se organizaron nuevas movilizaciones, mucho más multitudinarias y violentas que las de 2006. Aquella movilización estudiantil, mal llamada *la primavera chilena*, fue aprovechada por la izquierda para convertirla en una violencia callejera y polarización inédita en décadas. Durante las movilizaciones, la Confederación de Estudiantes de Chile demandó un petitorio con una serie de medidas, entre

149. La Tercera (27/05/06).

las que nunca estuvo el fin de la educación privada. Fueron movimientos marginales los que incubaron el ideario igualitarista en la educación, condenando la iniciativa privada o el *lucro* como lo bautizaron aquellos movimientos. Asimismo, recién allí surgieron las primeras demandas a reformar estructuralmente la Constitución (no obstante, su gran reforma había tenido lugar cinco años antes) o directamente a desecharla. Jóvenes estudiantes, esta vez universitarios y no secundarios, se transformaron en los líderes políticos del movimiento. La mayoría pertenecía a las *Juventudes Comunistas*. Las movilizaciones dieron paso al pillaje. El actuar de Carabineros fue condenado por la izquierda y por el Instituto de Derechos Humanos, acusando uso de fuerza desmedida e intentando desprestigiar a la policía. La popularidad del gobierno cayó drásticamente -pese a los exitosos esfuerzos de reconstrucción nacional tras el megaterremoto de 2010- mientras que el respaldo a las demandas de los movilizados era amplio según algunas mediciones. ¿Suena conocido?

Uno de los mayores y más exitosos mitos que ha creado la izquierda en Chile es que la educación en el país es *neoliberal*, fue transformada en *mercancía* y las personas en *consumidores*, debido a la *diabólica Constitución de Pinochet*. Nuevamente la Constitución como si fuera la madre de todos los problemas de Chile. Es una falacia que la educación haya sido abandonada por el Estado y acaparada por el capitalismo. El gasto en educación representó en 2020 24,3% de todo el presupuesto de la nación, alcanzando $11.649.845 millones, con un aumento real de 1,95% en comparación a 2019.[150] Si casi un tercio del presupuesto del Estado se invierte en educación, ¿tiene algún asidero afirmar que en Chile la educación es *neoliberal*? Las cifras hablan por sí mismas.

150. Libertad y Desarrollo (2019).

De hecho, el presupuesto para 2020 representa una cifra histórica. Por ejemplo, si se compara con el último presupuesto de Bachelet (2018) la glosa de educación fue de 9.489.630.[151] Aunque a la izquierda le duela reconocerlo -o quizás nunca lo haga- un gobierno de centro derecha fue el que más gastó en educación. Si el Estado chileno, con la Constitución de 1980 aún vigente, gastó un cuarto de su presupuesto en educación, sería interesante saber cómo un cambio de institucionalidad generaría mayores recursos para incrementar aún más el gasto en esa glosa.

La segunda parte de la propaganda socialista, *educación de calidad*. Primero, ¿cómo definimos o determinamos calidad? ¿Según los resultados de exámenes internacionales en comparación a otros países? ¿Según número de alumnos que ingresan a la educación superior? ¿La infraestructura disponible o el número de alumnos por clase? O quizás por factores más complejos de medir, como la percepción del servicio entregado o la satisfacción de padres, estudiantes y profesores respecto a todos los elementos que influyen en el proceso de aprendizaje o relacionamiento de los individuos en los establecimientos ¿Será quizás el fruto de generaciones con mayor conocimiento cognitivo y una cultura cívica superior? ¿O será quizás el color del pelo de los alumnos, como dijo una vez un Ministro de Educación de la Concertación? Las motivaciones pueden ser muchas y hay diversos caminos para perfeccionar los sistemas escolares de cada país, usualmente mediante reformas.

Si vamos a juzgar por los resultados, entonces veamos. En la última versión de la prueba PISA -el examen internacional de mayor alcance en el mundo para comparar países de acuerdo con el desempeño de sus estudiantes-, que tuvo lugar en 2018, Chile se ubicó a la cabeza de América Latina y en el lugar 43 a nivel mundial. Cabe señalar

151. Dirección de Presupuestos de Chile (2018).

que la muestra no discrimina entre educación pública y privada, sino que evalúa en su conjunto a cada país. Por lo tanto, en términos nominales, la educación chilena es por lejos la mejor en el continente, ya que los otros países también incluyen a su sistema de educación privado.

Con el actual modelo de educación chilena, basado en un Estado subsidiario que permite la participación de actores privados, Chile logró no solo la cobertura universal, sino que fue incluyendo a todos los segmentos socioeconómicos tanto en los niveles secundarios e incluso superiores. Nunca en la historia tantos chilenos habían completado su educación secundaria ni accedido a la universidad, generando una movilidad social inédita. La izquierda ha acuñado tradicionalmente su discurso respecto a que la educación, más que un derecho, es un bien público. Sí: la educación constituye un derecho, y como fuera señalado, está consagrado y garantizado en nuestra Constitución. Ahora, ¿constituye un bien público? El debate es en gran parte ideológico.

No cabe duda de que el servicio educacional entregado por el Estado representa uno de los elementos centrales de la oferta pública, el cual debe fortalecerse de una manera más eficiente. Se pueden discutir las diversas reformas que permitan un perfeccionamiento del sistema, como por ejemplo el debate entre la educación financiada a nivel municipal o nacional. Sin embargo, resulta ética y moralmente cuestionable que la educación sea un bien público de manera exclusiva. ¿Con qué derecho el Estado se puede atribuir el monopolio de la educación, estableciendo parámetros obligatorios y coartando el legítimo derecho de los padres de elegir la educación de sus hijos? Con el derecho que el propio Estado crea y ejerce. No obstante, ¿resulta moral o inmoral que los padres no puedan elegir y hacerse cargo de la educación de sus hijos?

El socialismo pretende destruir los cimientos de la educación chilena, que se basa en un sistema mixto, donde la oferta pública y privada conviven, permitiendo no solo focalizar el gasto fiscal, sino también garantizar un derecho anterior a la de la educación pública: la libertad de elegir. El debate entre la coexistencia de la educación pública con la privada en la mayoría de los otros países OCDE está largamente superada. No se cuestiona si debe existir o no la iniciativa privada o el lucro. Se debate cómo potenciar la educación pública sin considerar a los establecimientos privados como si fueran una competencia inmoral. El trasfondo del asunto debe ser la falta de recursos y no la conclusión ideológica de la izquierda respecto a eliminar al mercado en la educación. Si la educación privada existe sin inconvenientes, demonizaciones ni etiquetas ideológicas en los Estados de bienestar europeos, ¿por qué en Chile no se tolera su existencia? Ello solo se puede explicar bajo la lógica de la expansión desmedida del Estado, monopolizando todo lo que pueda, y bajo la perversión totalitaria e ideológica de minar toda iniciativa privada.

El *lucro* se ha convertido en sinónimo de usura, del más vil concepto de explotación y fuente de desigualdad, según la retórica socialista. Pero imaginemos brevemente cómo sería el mundo ideal de la izquierda con una educación sin lucro. Primero, hay que aclarar que sin lucro simplemente no existiría la educación privada, ya que no habría incentivo para su desarrollo. Solo los establecimientos filantrópicos o de carácter religioso subsistirían como alternativa, pero no por mucho tiempo, ya que también serían acusados de fomentar la desigualdad. De esa manera, el llamado *fin al lucro* es un eufemismo de la izquierda para ocultar su afán de exterminar la oferta privada. En ese escenario, hipotético al menos hasta octubre de 2020, el fisco -que, como sabemos, gasta el 24% del actual presupuesto en educación- tendría que al menos doblar o triplicar la cifra para garantizar la total cobertura de los establecimientos educacionales públicos. Es decir, la mayor parte del presupuesto se destinaría a educación. ¿Y qué pasaría con el resto de los *derechos sociales*? ¿Dónde quedaría la salud, pensiones y vivienda pública? ¿De dónde el fisco sacaría tamaños recursos para un programa serio y sostenible? La izquierda, no sabe, no responde, y si lo hace, es través de una idea que repiten como mantra: generar recursos gravando a los ricos.

En los países OCDE, *el típico alumno de un centro privado supera al típico alumno de un centro público.* Esta "ventaja" de los centros privados se pone en manifiesto en las puntuaciones de PISA".[152] Cuando los padres eligen un centro privado en lugar de un centro público para sus hijos, están seleccionando una mayor probabilidad de que sus hijos acudan a clase con compañeros de situación socioeconómica similar o más elevada, que los recursos dedicados a esas clases, en forma de profesores y materiales, sean de mejor calidad.[153] Pero la educación no solo se trata de la propiedad del sistema y de los estudiantes. De eliminarse el mercado, ¿qué pasaría con los miles de profesores, administrativos y empleados de los establecimientos particulares pagados o subvencionados del país? ¿Sería capaz de absorberlos el sistema público universal y ofrecer sueldos similares a los que ganaban antes? Lo más probable es que, entre la cesantía y la necesidad, muchos de nuestros docentes o cambiarían de profesión o irían a probar suerte fuera de nuestras fronteras.

La educación gratuita no existe: simplemente se trata de un recurso retórico utilizado por la izquierda de manera sistemática. A los socialistas les cuesta entender

152. OCDE (2011), p. 1.
153. OCDE (2011), p. 4.

que los recursos no son infinitos y que tanto los altos impuestos como el endeudamiento público constituyen maldiciones económicas. La educación cuesta: si es privada, a los privados; si es estatal, a los contribuyentes.

Por otra parte, la izquierda siente desconfianza de los servicios sociales entregados por privados, bajo la premisa de que, dada la lógica de *fallas de mercado*, el sostenedor del establecimiento intentará sacar la mayor utilidad posible, invirtiendo lo mínimo para ganar lo máximo, por lo que la calidad de la educación privada sería pésima. Sin embargo, ¿los socialistas acaso no critican lo contrario? Para ellos el problema radica en que la educación privada es demasiado buena, y que aquello genera desigualdad con los estudiantes que asisten al sistema público; mismo razonamiento se puede hacer con la salud. Si la utilidad fuera lo único que importara, hace rato que el sistema privado hubiera desaparecido. El mercado precisamente hubiera eliminado a aquellos que buscan utilidades sin invertir en el servicio. La crítica de la izquierda de la relación entre lucro y calidad empíricamente no tiene sentido.

Como es sabido, una gran parte del electorado entiende como *público* lo *gratuito*, un tremendo error de concepto en que subyace una manipulación perversa. Detrás del simple concepto construido por la izquierda sobre educación gratuita, siempre hay alguien que debe pagarlo. Si bien el concepto puede ser abordado en todos los niveles de la educación, resulta su ejemplo mucho más evidente cuando se trata de la educación superior.

Seguramente deben ser pocos los estudiantes que se matriculan en la universidad con el único objeto de satisfacer una demanda intelectual. Generalmente, se asiste a la universidad para obtener un certificado o diploma que acredite el ejercicio de una profesión, la cual, en el ideal de los casos, permita al individuo sostenerse económicamente por toda su vida laboral. Bajo el actual modelo, en la mayoría de los casos, se asiste a la universidad en un promedio de 4 o 5 años, pagando un arancel mensual ese periodo. Es decir, a cambio de una mensualidad, se obtiene un título profesional que será usufructuado de manera vitalicia, beneficiándose primeramente el individuo y su familia, como en otros casos, la sociedad en su conjunto.

Los costos de formar un profesional son altos, pero resultan incomparables con las rentas que debido a su formación debería gozar aquel. En la mayor parte de estos casos, se estudia para lucrar. Si el estudiante va a lucrar una vez terminados sus estudios, gozando exclusivamente él y su familia, ¿acaso es justo que otros paguen por sus estudios? Sin perjuicio de que el asunto se salga de los márgenes de la disponibilidad de recursos, si el Estado no le pagó a una generación completa de estudiantes su educación superior, ¿resulta justo que el fisco sí lo haga a los que le suceden?

La izquierda en su afán igualitarista se arroga la potestad de dictar la cátedra de moralidad respecto a la gratuidad de la educación superior, como si fuera una especie de regla universal, sin reparar en las consecuencias nocivas que aquello puede tener de manera global no solo para la economía, sino para la sociedad. Cuando se trata de una competencia ideológica, sabemos que la izquierda no repara en gastos. Pero para el socialismo el control de la educación es un asunto vital. La izquierda chilena no logra digerir que aún no ha podido arrebatar el control de la educación a los privados, pero va en camino de hacerlo. Ideológicamente, la pugna por el control de la educación reviste importancia cuando esta se entiende como de *carácter emancipador y promotor de las transformaciones sociales que una sociedad capitalista y egoísta como la chilena, está pidiendo a gritos tanto para alcanzar la felicidad de los individuos, como la felicidad de los pueblos. Esa es la refrescante voz de muchos de los jóvenes que copan hoy las calles de Santiago.*[154] Asimismo, resulta también refrescante saber que la izquierda -o una parte moderada de ella- pueda abiertamente reconocer en un ejercicio de sinceridad que la educación no es neutral; siempre tiene detrás una postura ética y política.[155] Si tuviéramos un PIB per cápita del doble del actual, pudiendo multiplicar los recursos fiscales a educación, probablemente gran parte del debate estaría zanjado, al menos en teoría. Habría más establecimientos públicos, más becas, etc. Sin embargo, para la izquierda más radicalizada, al parecer no se trata de un asunto de presupuesto. Como fuera expuesto por uno de los autores de *El Otro Modelo*, el abogado Fernando Atria, el problema fundamental del sistema educacional chileno no es la regulación de los profesores de la educación pública, ni que la educación pública esté subfinanciada. Aunque todos esos pueden ser problemas, el fundamental es que está organizada como un mercado.[156] Es decir, podríamos tener los recursos que tiene, por ejemplo, Canadá para satisfacer el gasto en educación por estudiante sobre los estándares de OCDE, pero de igual manera la izquierda seguiría reclamando, ya que en el fondo lo que le molesta es que exista la intervención del mercado en la educación: como Atria señala, que el poder adquisitivo determine la calidad del establecimiento que un estudiante accederá.

Pero si en todos los países OCDE existe la educación privada a todos los niveles, ¿por qué la izquierda ha sido incapaz de desplazar al mercado en la educación a nivel mundial? ¿Sería escuchado el reclamo con la misma intensidad en Alemania

154. Bazán (2019), p. 32.

155. Bazán (2019), p. 21.

156. *El Mostrador* (05/08/2014).

que en Chile? La explicación es simple: el problema no radica en la segmentación, la discriminación o el nombre del colegio, sino en la falta de recursos. ¿Cómo se incrementan? Existe el camino ficticio y cortoplacista, con herramientas redistributivas como subir los impuestos, adquirir deuda pública o haciendo nuevas constituciones. Pero también está el camino responsable y racional: el crecimiento de la economía y el alza gradual y focalizada de los recursos fiscales. Pero copar las calles con estudiantes, encapuchados y eslóganes no significa que tengan la razón. La educación no tiene por qué ser gratuita, no se justifica ni desde el punto de vista moral o económico, en particular la universitaria.

El presupuesto de 2020 reservado para educación superior fue de 2.169 millones de pesos, mientras que el de educación parvularia fue de 1.590 millones. Entre 2014 y 2018, mientras el presupuesto público dirigido a financiar la operación de jardines infantiles y salas cunas aumentó en 59%, el gasto para ayudas estudiantiles en educación superior creció en más del doble (139%), principalmente debido a la introducción de la gratuidad. Ello da cuenta del foco de la política pública en los últimos años.[157] Si los expertos han insistido en que la educación preescolar es fundamental para el desarrollo del individuo, debería considerarse una redistribución del presupuesto desde la educación superior hacia la parvularia. Pero como la gratuidad fue promesa de campaña del anterior gobierno socialista, hay un interés político detrás. Las parvularias y sus niños no marchan.

Como el concepto de desigualdad preocupa más a la izquierda que el de calidad, otra arista de la educación chilena que se abocó en eliminar fue la denominada *selección*. Para ese sector político, es inaceptable que los colegios - públicos y pri-

157. Libertad y Desarrollo (2016).

vados- apliquen exámenes para la postulación de los estudiantes a ellos, porque la selección generaría discriminación, perpetuando la inequidad en el acceso a la educación. La reforma educacional promulgada en 2017 puso fin al derecho de los establecimientos de seleccionar a sus estudiantes.

De igual manera, la izquierda generó un proceso de deslegitimación de los exámenes universales que miden de manera empírica y uniforme el desempeño de los escolares y sus establecimientos (SIMCE), como también el examen de ingreso a la educación superior (PSU). Sin ningún rigor científico y en el caso de esta última prueba a través de un boicot callejero materializado por estudiantes secundarios movilizados apadrinados por la izquierda radical y aprovechando la inestabilidad producto del *putsch* de octubre, lograron apoyo político para casi desaparecer el examen, debido a su carácter *segregador*.

¿Acaso no es el objeto de todo examen generar una comparación entre quienes lo rinden, basado en un ejercicio de carácter uniforme y con las mismas reglas y dificultad para todos? Si el SIMCE y la PSU son discriminadores, entonces invito a la izquierda a que invente un sistema de selección mejor, o de seguro propondrán que toda selección es injusta e inmoral. La selección se encuentra en la naturaleza misma. Lo otro es tener 200 alumnos por clase como en las universidades públicas en Argentina y que se vayan filtrando a lo largo de la carrera. Pero en esa dinámica, ¿quién asegura que después los centros de alumnos no declaren ilegítimos los exámenes, ya que discriminan?

Finalmente, no puede omitirse uno de los elementos, en mi opinión, más perjudiciales para el sistema escolar: el sindicato de profesores y las federaciones de estudiantes radicalizadas. El hecho de que los docentes de ese sindicato se nieguen a ser evaluados ha recibido críticas por parte de los especialistas y pone en duda la voluntad de todo un gremio a perfeccionarse y someterse a los criterios a que todo empleado está sometido. Sin embargo, no es menester de este texto referirse a aquello. Lo fundamental radica en apuntar que el sindicato de profesores constituye uno de los feudos más importantes de la izquierda. En la mayor parte del mundo, el gremio de maestros es controlado por fuerzas de izquierda, quienes tienen un amplio poder no solo de movilización o paro. Los profesores -no todos, por supuesto- abusan de las facultades que les otorga la libertad de cátedra para ejercer influencia política sobre los estudiantes. La evidencia está en los innumerables casos en que docentes, incluso de educación básica, movilizaron niños durante las protestas de octubre de 2019.

Lo anterior constituye una grotesca falta a la ética profesional, que afortunadamente no ocurre con una gran parte de los maestros, pero que lamentablemente aquellos pedagogos comprometidos con su partido tomaron la cuestionable decisión de utilizar menores de edad en favor de su cruzada ideológica. No hay que olvidar que la izquierda comulga con el concepto que la educación no es neutral en el sentido político. La utilización de niños con fines políticos no es nueva en la izquierda: desde larga data los totalitarios recurren a ella. Si el marxismo pone como ejemplo histórico del adoctrinamiento infantil a las juventudes hitlerianas, se olvida que ellos inventaron las Juventudes Comunistas o incluso los *Pioneros*, niños que, junto con aprender a leer, aprenden a obedecer y adorar el socialismo, tanto en Asia como en Cuba y en la ex Europa comunista. En Chile tenemos a *los niños* de la *Asamblea Coordinadora de Estudiantes Secundarios* (ACES), un engendro con cara de niño de la izquierda radical que ha reclutado a menores que actúan bajo una violencia que no puede ser tolerada. Imberbes adolescentes con escasa instrucción repitiendo como mantras ideas que escasamente logran entender, son el patético experimento de los movimientos de ultraizquierda que usan sus juveniles voces y rostros para legitimar sus aspiraciones políticas y violencia callejera. La izquierda y su prensa los presentan como héroes intocables, ejemplos de su generación, bajo la complicidad del profesorado que adoctrina y alienta a sus alumnos a salir a la calle, porque así lo demanda el espíritu de la educación crítica, en el cual el que cuestiona solo por cuestionar es premiado, mientras el que estudia en silencio esperando lograr el puntaje que lo ingrese a la educación superior, es castigado. No por nada, una diputada del partido de extrema izquierda Convergencia Social propuso que niños de 14 años tuvieran el derecho de votar en el plebiscito constitucional. Curiosa paradoja del socialismo, que considera que los niños son suficientemente adultos para votar, pero menores de edad tratándose de la supuesta *brutal represión policial* cuando los niños encapuchados cometen actos vandálicos. El día que el sindicato de profesores de Chile elija una directiva no izquierdista podríamos hablar realmente de democracia y pluralismo en una de las profesiones más importantes para una sociedad.

En conclusión, sería útil para el debate y la sociedad en general que la izquierda exponga con toda claridad su propuesta para mejorar la calidad de la educación pública. Hasta el momento, no se ha escuchado más que el mantra de estatizar, excluir al mercado y generar igualdad. ¿Dónde están, por ejemplo, las recomendaciones de la OCDE publicadas en 2017 para la educación chilena? (Primero, fortalecer la calidad y la equidad de la educación de la primera infancia y en las escuelas; segundo, fortalecer la calidad de la enseñanza y el liderazgo escolar; tercero, mejorar la educación superior y la investigación; y cuarto, mejorar la calidad de la educación técnico profesional.[158]). Gran parte de estas recomendaciones fueron incorporadas en la reforma educacional de 2017. En ninguna de ellas se menciona estatizar la oferta pública. Cuando se llama a fortalecer, significa perfeccionar, inyectar más recursos, no demoler el sistema para construir uno nuevo sobre tierra arrasada. Donde sobra demagogia, faltan ideas. La sociedad debe tener claro que la educación pública difícilmente pueda igualar la oferta privada: el particular siempre será más eficiente y logrará recaudar autónomamente los recursos necesarios para ofrecer un mejor servicio. Por ende, la educación pública no debe entrar a competir con los establecimientos particulares, sino que a convivir con ellos. Por cada niño que estudia en un colegio privado, el fisco se está ahorrando miles de dólares que pueden ser focalizados en familias que no tienen los recursos para matricular a sus hijos a un establecimiento privado. Mismo raciocinio se puede usar para la educación superior.

El sistema de cofinanciamiento (*voucher*) que caracterizó por décadas a la educación primaria y secundaria chilena, fue un modelo innovador para su época, estudiado a fondo por expertos internacionales, ya que era el único sistema que subvencionaba la educación fomentando la libertad de los padres de matricular a sus hijos en los colegios que estimen conveniente. Pero la izquierda desprestigió el sistema de financiamiento, apuntándolo como causa de la crisis de la educación chilena, con argumentos de cuestionable rigor metodológico. Esa evaluación negativa no advierte que los resultados de un sistema de *vouchers* dependen crucialmente del diseño del sistema y de las regulaciones a su aplicación. Distintos sistemas de *vouchers* conducen a resultados diferentes.[159]

---

158. Santiago (2018).

159. Aedo y Sapelli (2001).

¿Qué hubiera pasado con la educación preescolar, primaria y secundaria si, en lugar de financiar la gratuidad de parte de la educación superior, los beneficios *Junaeb* y otros subsidios, se hubieran utilizados esos recursos en incrementar el financiamiento de cada niño? Hubiéramos cumplido uno de los objetivos que recomendó la OCDE para fortalecer el sistema, no destruirlo. El sistema de *voucher* claramente no puede funcionar si se mantiene con recursos insuficientes, ya que los gastos en educación nunca se contraen. El problema, una vez más, es la falta de recursos invertidos eficientemente, no el sistema.

Tras años de presión, durante el segundo gobierno de la Presidenta Bachelet la izquierda logró destruir el sistema de cofinanciamiento, que irá desapareciendo de manera gradual. El elemento que era apuntado como el ariete de la *educación neoliberal*, causante de la mala calidad y el asimétrico acceso a la educación, había caído, y junto con esta, el odiado *lucro*. Como dijo el Ministro de Hacienda comunista del segundo gobierno de Bachelet al promulgar su cuestionada y fracasada reforma tributaria, *júzguenme por los resultados*. Esperemos que, por el bien de las nuevas generaciones de chilenos, la reforma educacional no acabe tan mal como la tributaria.

4. Salud: el día que Mañalich tuvo la razón

Junto con previsión social y educación, la salud es para la izquierda parte de los *derechos sociales*. Como la considera un *bien público*, el socialismo exige que estas áreas pasen a ser propiedad del Estado, excluyendo a los privados de la provisión de estos servicios. Hemos visto que el discurso izquierdista vocifera que es inmoral que estos bienes de carácter *público* sean sometidos a la ley de la oferta y la demanda, es decir, al mercado. Para que esa dinámica deje de existir, el socialismo propone la redacción de una nueva Constitución que excluya al mercado de participar en la oferta de los *derechos sociales*. Primero, porque no concibe una realidad donde el Estado no monopolice la oferta; y segundo porque, al estar en parte en manos de privados, generaría desigualdad en la calidad de los servicios. Sin embargo, sabemos que, según esa lógica colectivista, no solo las jubilaciones, la educación y la salud podrían estatizarse, sino que finalmente cualquier cosa que el debate público considere de interés común o público.

Cuando en noviembre de 2019 el ministro de Salud Jaime Mañalich mencionó, en un programa de televisión, que el sistema de salud chileno era uno de los más eficientes del mundo, la opinión pública y los medios de comunicación descueraron al secretario de Estado, ironizando con sus declaraciones. Como existe la percepción de que la salud y la educación públicas son *pésimas*, la izquierda las ha desprestigiado, desconociendo avances y estadísticas internacionales, sin reparar en que al hacerlo daña su propio ideal estatista y en que administró esos sistemas 20 años.

Pero los periodistas de izquierda o no se informaron o no quisieron entender la afirmación del ministro Mañalich respecto a la comparación internacional del sistema de salud chileno. Aunque les duela reconocerlo, el titular de la cartera tiene respaldo estadístico que avala sus dichos. Según un estudio realizado por el *Instituto de Métricas y Evaluación de Salud* de la Universidad de Washington, dado a conocer por la prestigiosa revista médica *The Lancet* en 2017, Chile se ubicó en el primer lugar de América Latina en eficiencia y calidad del sistema sanitario. El estudio analizó, entre 1990 y 2015, la realidad sanitaria de 195 países, centrándose en 32 patologías, particularmente la oportunidad y eficacia de sus tratamientos (vacunas, cirugías de rutina y manejo de la enfermedad).[160] Para evaluar el desempeño de cada sistema, los investigadores usaron una metodología homologada en todo el mundo que compara las inversiones en salud tanto del sector público como del privado con resultados medibles, como esperanza de vida, tasas de vacunación, mortalidad infantil, atención durante el parto y acceso a servicios especializados, entre otros.[161]

Pero eso no es todo. El más reciente informe de la OCDE respecto a la salud en Chile concluyó que nuestro país tiene un sistema y arquitectura de salud pública en buen funcionamiento, robusto, bien organizado y gobernado en forma efectiva. Los desafíos en salud pública que Chile está enfrentando podrían, sin embargo, tensionar cualquier sistema de salud.[162]

Como todo sistema público, el servicio de salud chileno también necesita perfeccionarse. Al respecto, la OCDE recomendó: *en conjunto con una necesidad por la*

160. Ministerio de Salud de Chile (2017).
161. Ministerio de Salud de Chile (2017).
162. OCDE (2019).

atención cuidadosa a los detalles de las políticas de salud, se requiere el compromiso de toda la sociedad chilena para hacer que el cambio suceda a una escala y ritmo. Asimismo, la OCDE recomendó las siguientes medidas concretas: a) combatir la carga significativa de la obesidad; b) aumentar la cobertura y la detección temprana del cáncer; y c) uso de la salud genómica para fortalecer la salud pública.[163]

Chile ha mostrado mejoras comparables a las de otros países de la OCDE en décadas recientes. La expectativa de vida promedio en Chile, se ha incrementado rápidamente con respecto al promedio de la organización en los últimos cuarenta años. Así como sus pares OCDE, en Chile la carga de enfermedades es dominada por enfermedades no transmisibles.[164] Respecto al rol de las Isapres, el informe sostiene: *son un actor clave en el sistema de salud chileno, cubriendo un 17-18% de la población*. Sin embargo, el compromiso de las Isapres en la salud pública y prevención es débil.[165]

A nivel latinoamericano, resulta interesante observar cómo Chile, país que cuenta con las mejores estadísticas de todos los sistemas de salud de la región, no es de los que más gasta. Con relación a su PIB, Chile se ubica en el decimoprimer puesto, con un 7% del producto. Por otra parte, Argentina bien podría ser clasificada como la contracara de estos países. Pese a ser de los Estados que más invierte, el alto grado de desorganización en el caso argentino hace que la prestación de servicios sea muy deficiente.[166]A lo que seguramente el ministro Mañalich se refirió con su afirmación de que Chile es uno de los sistemas *más eficientes*, fue al estudio

163. OCDE (2019).
164. OCDE (2019).
165. OCDE (2019).
166. *Infobae* (01/11/2014).

que publicó el Banco Interamericano de Desarrollo (BID) *Mejor gasto para mejores vidas: Cómo América Latina y el Caribe pueden hacer más con menos*, publicación que comparó la eficiencia del sistema sanitario de 71 países. En el estudio, Chile se ubicó en el octavo lugar a nivel mundial, por detrás de España, Israel e Italia, pero por encima de Francia y Grecia en el top 10. [167] La sorpresa de los panelistas ante la información del ministro reveló que no habían hecho su trabajo y no tenían información de lo que rebatieron impulsivamente al Secretario de Estado. Mañalich y sus dichos fueron *trending topic*, motivos de *memes* y fueron reproducidos por todos los noticieros. Los periodistas-activistas se agarraban la cabeza a dos manos, ya que no podían creer que, pese a los años de desprestigio por parte del discurso socialista al sistema en general, la salud, uno de sus blancos predilectos, no era tan mala como aseguraban. Tampoco podían entender, o más bien aceptar, que *el país del neoliberalismo más salvaje* tiene un sistema de salud superior al referente de la izquierda en el sector, Cuba. Se había derribado un mito que fue imposible para la izquierda revertir.

Pese a la evidencia que reconoce los enormes avances del sistema de salud chileno, aún queda mucho por avanzar. La meta del gobierno es superar el 8% del PIB del gasto en salud en el corto plazo, para poder acercarse a otros países OCDE. Por ejemplo, Países Bajos, Suecia y Suiza tienen un gasto per cápita de 5 mil euros al año, mientras que Chile tiene solo mil quinientos, considerando que nuestro país tiene casi el doble de la población de Suecia. De igual manera, cabe recordar que, tal como señaló en su informe la OCDE, sus otros miembros también presentan problemas a la hora de entregar sus servicios sanitarios. En

167. Izquierdo y otros (2018).

Europa también hay listas de espera, se copan sus establecimientos y tienen grandes deudas hospitalarias.[168]

De hecho, en Europa, a diferencia de lo que se cree comúnmente, la salud se está volviendo menos pública. Aunque los socialistas no lo quieran aceptar, en Suecia tienen sus propias Isapres, y nadie las demoniza. Lógicamente el sistema de salud público chileno es incomparable con el sueco, pero si se abrieron a la oferta privada es porque el sector público no estaba satisfaciendo completamente la demanda. Pasa algo similar con las pensiones y la educación. Ya vimos en capítulos anteriores como los viejos Estados de Bienestar se están privatizando de manera acelerada: no queda alternativa entre la ruina demagoga y el gasto responsable y sostenible.

La evidencia académica, distintas mediciones y las recomendaciones de la OCDE lo confirman: Chile no debe hacer modificaciones estructurales a su sistema de salud (lo mismo vimos antes respecto al sistema de pensiones y la educación) sino que ajustes necesarios en las áreas indicadas anteriormente. Existe unanimidad en que el rol del Estado consiste en garantizar el acceso a servicios de salud dignos y oportunos, amén de velar por las políticas públicas con orientación sanitaria para mejorar la calidad y expectativas de vida de la población. Pero ello no significa que el Estado necesariamente deba gestionar servicios médicos.[169]

Sin embargo, expertos señalan que Chile, en lugar de gastar más, debe continuar la senda de un presupuesto más eficiente. Un ejemplo ilustrativo: el 27% de todo el presupuesto de salud fue utilizado para financiar la administración de la red

168. Caviedes (2019), p. 6.
169. Caviedes (2019), p. 5.

pública, incluyendo el pago de licencias médicas. En los últimos años, Chile ha triplicado su incremento neto en el gasto de la salud pública, alcanzando uno de los mayores aumentos entre los países de la OCDE. Se ha construido un número importante de hospitales y recintos nuevos, se ha duplicado el número de camas disponible y se ha equipado enormemente a los establecimientos. Sin embargo, se aprecia que, a medida que aumenta el presupuesto en salud, también lo hace el descontento de la opinión pública. Es cierto que hay listas de esperas que son insólitas, de meses o años, muriendo pacientes en espera de una cirugía o tratamientos. Es cierto que los servicios están muchas veces atestados. Es cierto que existen negligencias e incomodidades que no se aprecian en el sistema privado. No obstante, el sistema público, no solo el de salud, sino que en general los servicios sociales entregados por el Estado, como ha sido señalado anteriormente, suelen ser más ineficientes si se les compara con la oferta privada. Otro ejemplo que explica en parte las listas de espera es el ausentismo laboral que afecta a la red pública. Un informe del Ministerio de Salud entregado al Congreso Nacional en 2018 denunció que los funcionarios de los establecimientos estatales se ausentan por enfermedad 23,7 días al año, duplicando la media nacional. Lo anterior repercute en las listas de espera y atrasa las intervenciones quirúrgicas, lo que representa un alto costo social.[170] El sindicalismo al interior del sistema de salud también afecta enormemente su eficiencia. Por ejemplo, a pesar de los problemas evidentes que muestran los establecimientos estatales, el sistema de evaluaciones de los funcionarios públicos reconoce al 99% de los trabajadores con la máxima calificación y aptos para recibir el máximo bono que entrega el Estado. Es muy difícil calificar mal a un trabajador, aunque existan méritos para ello, pues el sindicato presiona

170. Caviedes (2019), p. 14.

con huelgas y manifestaciones.[171] Expertos coinciden en que el problema de estas ineficiencias radica en el modelo administrativo burocrático. En Chile, 68% de las 38.362 camas hospitalarias pertenecen y son administradas por el sector público y su presupuesto se ha multiplicado por 3 en 17 años. Aun así, aumentan el endeudamiento y las listas de espera, se deterioran los hospitales y no mejora la calidad de los servicios ofrecidos. Por eso, antes de seguir aumentando camas y plantas de funcionarios, se requiere un cambio de modelo de la gestión pública y mantención y actualización de la infraestructura.[172]

Ya vimos en capítulos anteriores cómo la palabra *lucro* es un concepto *venenoso*, omnipresente como un fantasma en cada servicio en Chile. Prácticamente en toda la retórica socialista se puede advertir que el *lucro* constituye un *casus belli* para con el sistema en su totalidad. Por culpa de una vulgarización de la palabra lucro, Chile está bajo la amenaza de regresar al tercer mundo. Las AFP, los colegios particulares y universidades, como también las Isapres son los objetivos predilectos de la etiqueta peyorativa del *lucro*. En particular, los fondos de pensiones y los seguros de salud constituyen el foco de las críticas antisistema de la izquierda. Existe una mitología que sobredimensiona escandalosamente las utilidades de ambos modelos. Resulta evidente la existencia del lucro, tanto en los sistemas previsional, educacional y de salud. El margen de utilidad es necesario para el surgimiento de una actividad que administre con eficiencia y genere recursos para todas las partes involucradas. Sin embargo, las utilidades de las instituciones de carácter privado que proveen de servicios para la sociedad son de un margen evidentemente menor a las denunciadas por la izquierda de

171. Caviedes (2019), p. 15.
172. Caviedes (2019), p. 15.

manera generalizada. De hecho, los movimientos antisistema ni siquiera cuentan con cifras que justifiquen un supuesto *robo*. Para ilustrarlo, se puede extraer la siguiente propuesta de la *Izquierda Diario*, órgano del trotskista Partido de Trabajadores Revolucionarios:

> *Lo que necesitamos las y los trabajadores, así como las mujeres y la juventud para garantizar un derecho básico como es la salud, es barrer con todas las herencias de la dictadura y eliminar a los empresarios de la salud, para dar paso a un sistema público de salud, que sea administrado por los mismos trabajadores y que se ponga al servicio del conjunto del pueblo trabajador.*[173]

Veamos a continuación lo que propone un diario de tendencia socialdemócrata, *El Mostrador:*

> 1. *Esto significa renunciar a réditos políticos inmediatos y espurios, enfrentar con determinación la desinformación sobre la calidad del sistema, reconocer el trabajo de los equipos de salud y eliminar el lucro con la enfermedad de las personas.*
>
> *2. Esta incapacidad ha obedecido esencialmente a que estos esfuerzos se han enfrentado una y otra vez con el modelo de desarrollo neoliberal e individualista imperante, donde se ha instalado que "cada uno se rasca con sus propias uñas", modelo que parecía irrevocable hasta este estallido social.*
>
> *3. Para que las estrategias de salud lleguen a las personas, con calidad, seguridad y dignidad, no solo se requieren más recursos (no hay evidencia suficiente que sustente que existe ineficiencia en salud) Debemos avanzar hacia un modelo de Seguro Único*

173. *La Izquierda Diario* (29/04/2018).

con un fondo mancomunado donde todos y todas contribuyamos a financiar los gastos en aumento, dado el perfil sociodemográfico y epidemiológico de nuestra población.

4. La Primavera Chilena o el rechazo generalizado al modelo de mercado abre una gran oportunidad. Nunca antes hubo tal consenso social, que el derecho a la salud es inherente a la dignidad de las personas y debe ser garantizado, lo que debiera expresarse, a su vez, en la nueva Constitución Política que construyamos.

Del análisis del discurso de ambos diarios se puede concluir que ambos comparten el objetivo de destruir el modelo de salud mixto existente en Chile. La propuesta del medio trotskista lisa y llanamente llama a acabar con la salud privada en Chile, sin dar alternativas ni presentar un diagnóstico del sistema, de acuerdo con su visión de mundo. En tanto, *El Mostrador* cae en una serie de errores estadísticos, conceptuales, falacias y lugares comunes recurrentes en la construcción del discurso socialista en los últimos años. Coincido enfáticamente respecto a enfrentar con determinación la desinformación sobre la calidad del sistema y reconocer el trabajo de los equipos de salud. Pero hay que decir las cosas como son: la desinformación sobre el sistema de salud y la falta de evidencia proviene desde los medios de izquierda. Los datos estadísticos presentados en páginas anteriores no le hacen el favor al socialismo. Precisamente, el marxismo y sus grupos antisistema sobreviven gracias a la desinformación y tergiversación de la realidad en sus medios de comunicación. No obstante tener en contra la evidencia, intensifican los ataques al sistema sin argumento empírico; solo valores, percepciones y sentimientos. Y sostener que *el modelo de desarrollo neoliberal e individualista imperante, donde se ha instalado que "cada uno se rasca con sus propias uñas"* evidencia escaso rigor académico y científico de la problemática. Pero les es más importante transmitir un sentimiento más que una información verídica, pues los lugares comunes son más eficaces para llegar al corazón de las masas que los estudios de organismos internacionales como la OCDE. Así, la afirmación *no hay evidencia suficiente que sustente que existe ineficiencia en salud* se contradice con los datos ya entregados aquí.

La propuesta de un *seguro de salud único* es uno de los viejos anhelos de la izquierda para colectivizar el sistema. Los 2.774.717 millones de pesos recaudados por las Isapres en 2018[174] a través del 7% de cotización son un lucrativo incentivo político para ser estatizado. Diversos estudios se han hecho creando el escenario ficticio de la fusión de los fondos de Fonasa e Isapre, al que denominaron *Super Fonasa*. El resultado del estudio concluyó que el crecimiento del presupuesto per cápita en salud sería de apenas 0,88%, ya que la absorción del sistema privado por el público significaría no solamente una mayor carga para Fonasa, sino el responsabilizarse de financiar todas las prestaciones médicas, licencias, administración del sistema, entre otros.[175]

De hecho, en los últimos años, el presupuesto estatal ha crecido nada menos que 9% real anual, y la calidad del servicio público según una parte de la sociedad no ha mejorado sustancialmente. La experiencia en países desarrollados demuestra que para mejorar la eficiencia y disminuir la burocracia es necesaria la descentralización de los servicios con fuerte participación del sector privado, es decir, lo contrario a lo que hoy se está proponiendo.[176]

Respecto al párrafo que dice: *la Primavera Chilena o el rechazo generalizado al modelo de mercado abre una gran oportunidad. Nunca antes hubo tal consenso*

174. Superintendencia de Salud de Chile (2019a), p. 9.
175. Datos de la Asociación de Isapres de Chile (AICH).
176. Datos de la Asociación de Isapres de Chile (AICH).

social, que el derecho a la salud es inherente a la dignidad de las personas y debe ser garantizado, lo que debiera expresarse, a su vez, en la nueva Constitución Política que construyamos, contiene una explícita demagogia con enunciados sin evidencia de ningún tipo. El supuesto rechazo generalizado (¿estamos hablando de un 50, 75 o 90 por ciento de los chilenos que rechazan el modelo de mercado?) contiene un error que suele cometer la izquierda, que se puede explicar simplemente: no leyeron la Constitución que pretenden derribar, pues su artículo 19, numeral 9, garantiza el acceso universal a la salud.

Las Isapres sufren el mismo problema comunicacional de las AFP. Debido a su complejidad orgánica, tienen un origen, funcionamiento y fines difíciles de explicar a la sociedad. Si la izquierda generó por años un desprestigio contra el sistema de pensiones y el de salud, es porque encontró un punto débil para explotar: ni las AFP ni las Isapres fueron capaces de explicar a la sociedad a tiempo la necesidad y los beneficios de su existencia. Ahora que están en peligro de desaparecer, la derecha se dio cuenta del valor de explicar un modelo que, como erróneamente pensó, *se explica solo*. Tanto las AFP como las Isapres nacieron a comienzos de la década de los ochenta, mediante las reformas impulsadas por el gobierno para descentralizar la oferta de servicios públicos, que previo a la reforma estaban en claro estado de precariedad y déficit. En 1981 por ley se fijó el aporte obligatorio de la cotización del 7% del sueldo imponible de los trabajadores para cubrir la sanidad, permitiéndoles elegir entre aportar al sistema público (Fonasa) o al privado (Isapres). Asimismo, desde 1981 el Estado garantizó el acceso a la salud para el 100% de los chilenos, un logro asombroso para la época no solo en Chile, sino a nivel mundial.

Tanto Fonasa como las Isapres funcionan como un seguro de salud. En el primer caso, el trabajador adquiere un seguro público; en el segundo caso, el cotizante adquiere un plan de salud con una de las siete empresas existentes en el mercado y se convierte en contratante de un seguro privado, en que se le descuenta o se le reembolsan de manera total o parcial sus gastos médicos, incluyendo el pago a su beneficio de licencias médicas. Cabe recordar que el contrato de un individuo con alguna Isapre, si bien es de carácter privado, está sujeto a normas legales cuyo cumplimiento es fiscalizado por la Superintendencia de Salud. En 2019, 78% de los empleados chilenos y sus cargas están afiliados al seguro público, mientras que el 22% restante al privado. Es decir, no se trata de un sistema creado para los *ricos*. La movilidad desde el sistema público de salud hacia el privado ha tenido un avance consistente, obteniendo clientes de diversos ingresos.

A diferencia del sistema público, las Isapres no reciben aportes fiscales ni subsidio como el que el fisco le entrega a Fonasa. Además, las Isapres pagan impuestos, por lo que constituyen un doble beneficio para el Estado: tributan y satisfacen el financiamiento de la salud de más de 20% de la población. En 2019, las Isapres alcanzaron utilidades por 9.465 millones de pesos (una caída del 85% respecto al año anterior). Considerando que 2019 fue un año anormal, tomemos las cifras de 2018, en que las Isapres tuvieron una excelente utilidad: 63 mil millones de pesos.[177] La cifra anterior representa el doble a lo recaudado en 2017.[178] Sus utilidades fueron de 2,2%.[179] Haciendo el mismo ejercicio para el año 2017, las Isapres gastaron 86,7% en pagar sus gastos de salud y licencias médicas,

177. *El Mercurio* (05/03/2020).

178. Superintendencia de Salud de Chile (2019b).

179. Datos de la Asociación de Isapres de Chile (AICH).

11,7% en gastos de administración y ventas y tuvieron 1,3% de utilidades. [180] Es decir, entre un año con utilidades espectaculares y otro en la media, las Isapres alcanzaron un promedio de 1,75% de ganancias. El ejercicio de comparar ese porcentaje con los cobros de administración de las AFP (utilidades) nos lleva a porcentajes similares. Sin embargo, cabe recordar que la previsión consiste en el 7% del sueldo bruto de los trabajadores, mientras que la salud un 10%, por lo tanto, el margen de utilidad porcentual en comparación a las AFP sería aún menor.

En definitiva, ¿dónde está el lucro y el abuso desvergonzado que claman los socialistas? Cuando se presenta en los medios que las Isapres tuvieron una utilidad de 9 mil millones de pesos, no obstante haber sido el peor registro histórico del sistema, con pérdidas cuantiosas para las empresas, esa cantidad a los ojos del público parece grotesca. Pero la prensa o no investiga bien o no pretende comunicar el porcentaje de utilidad de la cifra. Es distinto presentar la información en cifras que hacerlo en porcentajes. Si se hiciera el ejercicio inverso, informando que las utilidades de las Isapres tuvieron una media de 1,75% en los últimos dos años, el efecto comunicacional no sería el mismo. Es una vieja herramienta del periodismo, el *sensacionalismo*: discurso cargado de emotividad y desinformación por parte del socialismo, que se desentiende de hechos y estadísticas.

Si el modelo está en cuestión ha sido por una intensa propaganda y campaña de desprestigio. El engaño populista de prometer una Constitución que hará desaparecer las listas de espera por arte de magia constituye el masivo embaucamiento de una sociedad que en gran medida no está dimensionando la ma-

180. Superintendencia de Salud de Chile (2019a), p. 11.

nipulación de que está siendo objeto con fines puramente ideológicos. No cabe duda de que quienes conducen el país, de todos los sectores políticos, desean entregar la mejor calidad de servicios públicos para la población. Sin embargo, la sociedad debe entender que el aumento de la calidad de las prestaciones no se consigue de la noche a la mañana, sino que es el resultado de la generación de riqueza y de políticas públicas eficientes y sostenibles. Desconocer los progresos de nuestra salud pública se opone a la evidencia y desacredita grandes esfuerzos e inversiones.

Si se analiza el crecimiento del gasto en salud, ya sea medido nominalmente o per cápita, se puede constatar notables avances. Por ejemplo, un indicador comúnmente citado en las publicaciones académicas es el gasto per cápita en salud. En 2019, el gasto fiscal en esta materia, dividido por todos los habitantes del país, fue de aproximadamente US$ 2.000, a medio camino del promedio OCDE. Otra evidencia que cabe exponer es la encuesta *Ipsos* de 2019 respecto a satisfacción en salud, tanto para usuarios del sistema público como el privado. Lo que más interesa es la valoración respecto a Fonasa. Según la muestra, solo uno de cada cinco usuarios está insatisfecho con el servicio. Aunque la mayor parte de los encuestados del sistema se manifestó de acuerdo con una reforma a la provisión de salud (48 por ciento), al mismo tiempo un alto porcentaje se manifestó en contra (41 por ciento). Incluso sus beneficiarios son más optimistas de cara al futuro que los del sistema privado: 35 por ciento considera que Fonasa mejorará, el 51 por ciento cree que se mantendrá igual y solo 14 por ciento supone que empeorará.[181] Al parecer, según las encuestas que cuentan

181. *Cooperativa.cl* (25/04/2019).

con rigor metodológico, los chilenos no estarían tan insatisfechos con la calidad de la salud pública. De igual manera, si bien una gran mayoría se mostró conforme, cree que hay que cambiar el sistema. ¿No suena parecido al debate por el cambio de Constitución? La mayor parte de los encuestados exige una nueva Constitución, pero sin saber por qué.

Es unánime el diagnóstico que la salud pública aún tiene mucho por mejorar, pero el camino corto que ofrece el colectivismo socialista al apropiarse de los recursos privados o de endeudar al país a niveles insostenibles, han demostrado ser una opción fracasada. A todos nos gustaría tener la salud de Alemania, pero en vez de desear lo ajeno y desacreditar lo propio, habría que preguntarse como los alemanes lograron tener el sistema de que gozan. Los países ricos no se hicieron ricos a través de reformas socialistas. Levantaron sus Estados de Bienestar porque tenían los medios para costearlos; no al revés. Ahora que la conformación demográfica no es favorable, los europeos buscan por todos los medios deshacerse de este costoso peso en sus hombros. Cuando se ha hecho el ejercicio al revés, es decir, países en desarrollo intentando imitar un Estado de Bienestar, la evidencia demuestra que todos han terminado en fracaso. Ejemplos tenemos a la vuelta de la esquina. Invito a los demoledores del sistema chileno de salud mixto a atenderse en los establecimientos públicos de países latinoamericanos. No por nada son los vecinos quienes llegan a Chile y no a la inversa.

Para concluir, se debe recordar la importancia del punto de vista filosófico. La implantación de un sistema de salud único constituiría una flagrante e inaceptable violación a la libertad de las personas de elegir el servicio que estimen conveniente y tengan los medios para pagar. ¿Resulta injusto que no todos puedan acceder a la misma calidad de servicios? No tiene por qué serlo. Lo verdaderamente injusto sería que los pobres financiaran la salud de quienes pueden pagar un seguro privado. No habría nada más integrador que subsidiar, por ejemplo, a la población vulnerable del país para que pueda acceder a través de un seguro de salud al sistema privado.

5. La erosión del sentido de comunidad

Un eslogan recurrente de la izquierda para dinamitar la Constitución vigente es que aquella *ha erosionado el sentido de comunidad*, transformando al ciudadano en un sujeto neoliberal, un consumidor en reemplazo de un ciudadano.[182] Ya vimos a lo largo de este trabajo como la izquierda -obedeciendo a su estrategia de desprestigio del orden - ha insistido a través de su poderosa propaganda sustentada en el control (no propiedad) de los medios de comunicación y la agenda -no solo periodística- sino que también académica y cultural, que la actual Constitución desprovee de derechos sociales a los habitantes del país. Queda demostrado a lo largo de estas páginas que la prédica anterior no es real: la institucionalidad vigente no solo garantiza, sino que entrega servicios sociales a la población. La relativización de la calidad también ocupa un espacio prioritario en el discurso socialista. Aún con los evidentes avances registrados por Chile tanto en la educación, salud, movilidad social, equidad y otros, la izquierda los desacredita sistemáticamente. Para el socialismo, Chile es una especie de *infierno en la tierra*, donde no ha habido progreso en absoluto, como si estuviera sumido en el más aberrante *tercermundismo*. Nuevamente, la evidencia muestra todo lo contrario. Chile ha alcanzado un desarrollo inédito en beneficio de sus habitantes.

No obstante, la deliberada e impropia comparación entre la provisión de servicios entregados por el área pública con la oferta privada genera una irreal e irresponsable ilusión a la ciudadanía. Primero, desprestigiando lo público; segundo, generando el

182. Bassa (2020), p. 36.

sentimiento de indignación porque el sistema público no alcanza los estándares del privado, capaz de autofinanciarse. Ese sentimiento de indignación, denominado por sus organizadores como *malestar social,* asimismo resucitó masivamente la confrontación fratricida a través de la lucha de clases.

Los esfuerzos de refundación total del marxismo requieren la destrucción del orden de manera transversal. La Constitución es uno de los objetivos tangibles. Su aniquilamiento permitirá abrir legalmente las puertas a la instauración de un régimen socialista, que puede devenir en el cumplimiento de las etapas posteriores del proceso revolucionario. El proceso de deslegitimación social de la institucionalidad es explicado por algunos autores revolucionarios como una tarea histórica que se adviene, por tanto, magna, a escala de soberanía popular integrada y totalizada.[183] Otros lo han explicado como *colonización neoliberal* de un sistema social que se sostiene en el abuso y la explotación de la gran mayoría de la población.[184] Pero si en algo coinciden plenamente los activistas marxistas es en el eslogan *Chile despertó*, o *Chile cambió.* Para sostener una promisoria propaganda que genera atención e ilusión, como el concepto de *cambio* (utilizado por todos los sectores políticos), se agrega el set de valores identificados a lo largo de este trabajo, como *igualdad, dignidad* y *futuro*, que han inspirados a todas las revoluciones desde el siglo XVII. Por eso, la apropiación de aquellos conceptos genera una ventaja moral casi irremontable.

El proyecto de la izquierda es mucho más profundo que un cambio constitucional: evoca un principio refundador de Chile. Por primera vez en casi cincuenta

183. Salazar (2020), p. 38.

184. Bassa (2020), p. 46.

años, el socialismo, gracias a un largo y minucioso trabajo, alcanzó la oportunidad histórica de generar las condiciones políticas y sociales necesarias para forzar un cambio estructural, imponer su ideología y regresar al poder con reglas propias. La eventual muerte de la Constitución nacida en 1980 permitirá, a través del nuevo texto fundamental, amarrar una institucionalidad acorde a sus valores, principios y proyectos. De alguna forma, la nueva Constitución será una vuelta de mano de la narrativa que la izquierda repite hace décadas: que la Constitución de 1980 cimentó un proyecto político para el beneficio de un sector del país. La izquierda chilena del siglo XXI no acepta una versión de sociedad que no se acerque a sus convicciones. La tolerancia ajusta su límite de acuerdo con el nivel de contraposición de aspectos centrales a su cosmovisión, sobre todo en materia social. Los Derechos Humanos (desde la perspectiva de la supuesta violencia o terrorismo de Estado), la férrea defensa del multiculturalismo o la denominada *contracultura* (confundida con el concepto de *plurinacionalismo)* y las minorías sexuales, se combina con la tarea superior del socialismo del siglo veinte, la erradicación o control del mercado y la lucha de clases. Para moldear un discurso moderno en su forma, los objetivos fueron vinculados con valores: *diversidad*, en relación con la tolerancia e impulso de los derechos de las minorías sexuales y étnicas, y *dignidad* en el sentido del acceso a bienes suministrados por el Estado y el fin de la dominación por las *elites abusivas* escudadas en su modelo.

¿Qué han hecho las fuerzas conservadoras, contrarrevolucionarias o, como prefiero llamarlas, *revolucionarias de derecha*, para contraponerse a la hegemonía del poder ascendente de la izquierda? ¿Qué pasaría si una enorme parte de la sociedad que se opone a la visión de mundo antisistema se movilizara de la misma manera que lo hace la izquierda? ¿No sería justo utilizar sus propias ideas y manifestar sin tapujos una narrativa de su propia visión de mundo? Entendiendo que en el debate no existen los *buenos* ni los *malos* (sí los que tienen i*deas verdaderas* e *ideas falsas* según filósofos marxistas), la exposición vigorosa de un conjunto de principios no tendría por qué atemorizar ni ofender a nadie. Si algunos individuos arrasan con la infraestructura, amenazan la seguridad, humillan a la gente obligándolas a bailar en la vía pública o incluso queman carabineros, una promoción de principios compartidos por una porción significativa de la ciudadanía debería al menos tener derecho a voz.

La narrativa mítica que encontró la *inteligentsia* socialista para justificar su revolución en 2019, fue llamar al *estallido social* como el *Despertar de Chile*. Ello se sustentaría en el surgimiento de una nueva generación de ciudadanos, quienes aparentemente reconocen y valoran su diversidad como miembros de la misma comunidad. Esta diversidad cultural de la sociedad chilena contemporánea desafía las clásicas formas de representación.[185] Tal narrativa, al formar parte de un relato de características míticas, no cuenta con evidencia metodológica ni menos histórica. La concepción de imaginar un país diverso no solo pretende validar el objetivo político de crear una resistencia social mayoritaria al orden vigente, sino algo más profundo: cuestionar la existencia misma de la nación en su estado tradicional y puro.

Al afán de historiadores marxistas de descomponer la noción de Estado-nación enfrentando a sus componentes en un *materialismo dialéctico criollo* desde los orígenes mismos de la nación, debe agregarse las nuevas corrientes de pensamiento que integran otros actores a la sociedad. Estos autores o activistas evitan referirse al concepto de

185. Bassa (2020), p. 94.

nación, pues no aceptan la noción original y tradicional del Estado-nación chileno como unidad histórica indisoluble. Por eso, usan el término de *comunidad.*

El delirante proyecto cultural de la izquierda de transformar a Chile en la ficción de un Estado plurinacional reniega de la evidente existencia del estado-nación chileno, ya que esta última noción se contrapone al escenario que pretende construir y a su objeto máximo: la refundación total de Chile. El concepto tradicional de la nación chilena como obra de las fuerzas históricas que dotaron a Chile de su conformación eminentemente hispana, occidental y cristiana, es, para la izquierda, contradictorio con la ficción de diversidad cultural de la sociedad impulsado por las nuevas corrientes ligadas al proceso revolucionario, para las cuales el antiguo concepto de nación representa la *reproducción del poder.* La revolución socialista no solo aspira a acceder al poder político o apoderarse de los medios de producción: requiere la construcción de una nueva sociedad.

Resulta evidente que en Chile y el mundo, en particular en los países con mayor desarrollo económico, sus tejidos sociales han experimentado transformaciones, que los autores revolucionarios prefieren denominar *clivajes sociales.* La acelerada y descontrolada inmigración, la imposición de la agenda de las minorías y la conquista por estas de derechos sociales y legales, la reivindicación de los indígenas, la ideología de género, la defensa del medioambiente, han cambiado la interacción entre los miembros de una sociedad, con nuevas exigencias de demandas y conductas, hoy transformadas en reglas sociales y jurídicas en beneficio de grupos minoritarios.

En el caso chileno, nada de eso justifica la destrucción del concepto de nación. No se debe confundir el respeto que debe existir por el simple hecho de convivir entre seres humanos, sin importar sus características, con el superior mandato del resguardo de nuestra formación orgánica como nación, en el sentido más tradicional e histórico. En la era de la *dictadura de las minorías*, la izquierda supo mutar sus históricas reivindicaciones de clase para abrazar y monopolizar la agenda *postmoderna*. El deber superior de cada chileno es defender los fundamentos que nos dieron vida como nación, proceso de cuatro siglos que resulta irrisorio que se ponga en cuestión por medio de reivindicaciones recientes y minoritarias, pero que los medios hacen ver como mayoritarias.

La Constitución y los derechos que emanan de ella han llenado miles de páginas en esta y distintas obras en Chile, inspiradas en los acontecimientos de que hemos sido testigo en los últimos seis meses. Sin embargo, poco o nada se ha planteado sobre los deberes que cada ciudadano tiene con la nación y su institucionalidad que tiene el primer deber de resguardarla, el Estado. No se ha percibido un debate en esa dirección, pero tal como la izquierda sostiene sin evidencia que el *neoliberalismo* ha socavado el sentido de comunidad, desde la otra vereda se puede también argumentar que ha sido aquella ideología la que ha llevado a cabo una demolición de la nacionalidad.

Los abominables e inéditos crímenes contra la memoria histórica de la nación han incluido la destrucción de monumentos en honor a los héroes patrios, la quema de la bandera nacional y la ilegal e inaceptable usurpación de su espacio por parte de una enseña que, con todo el respeto que se le merece, no es más que la representación simbólica de una causa utilizada por la ideología marxista. La izquierda ha creado el relato de la existencia de un *Chile indígena*, el cual, si bien existe, siempre ha sido minoría. Por esto último, a la izquierda, más que capturar el voto indígena, le interesa crear la ficción de una plurinacionalidad que se oponga al concepto tradicional de Estado-nación. Cada miembro de las etnias que habita el territorio nacional debe gozar de los mismos derechos y obligaciones con el Estado como cualquier chileno, ni más, ni menos. La integración de los mapuches es tarea irresoluta desde antiguo. El respeto que merecen los pueblos indígenas no se debe confundir con reivindicaciones de autodeterminación. Reconociendo que es un grupo humano distinto étnica y culturalmente de la mayor parte de la nación chilena, sin desconocer su aporte histórico y cultural a la Nación, este reconocimiento jurídicamente no tiene sentido cuando lo que ese pueblo pretende es construir su destino al margen de los dos Estados cuyo territorio reclama.

La legitimidad que la izquierda otorga a la violencia de organizaciones mapuches que se manifiestan por la fuerza y, en casos comprobados, por terrorismo o *tácticas ancestrales*,[186] solo evidencia los aberrantes caminos a que conduce un dogma ideológico, como también la pusilanimidad de quienes lo permiten, cayendo en un humillante vacío de poder cercano a un Estado fallido, algo que parecía imposible a nuestra realidad y prestigio internacional. No porque el activismo revolucionario marxista se haya apropiado de los símbolos mapuches asegura que abrace su causa.

Una nueva Constitución en la que se hagan promesas más simbólicas que prácticas a la población indígena, no elevará la calidad de vida de esta. ¿Acaso el reconocimiento constitucional de los pueblos indígenas superará la pobreza crónica en la que viven? Además de satisfacer las consciencias socialistas, ese reconocimiento no tiene mayor importancia para los dirigentes de un pueblo que han manifestado en reiteradas oportunidades que no les interesa formar

186. Salazar (2020), p. 13.

parte de este país. El reconocimiento constitucional de los pueblos indígenas más representa la autocomplacencia de la izquierda que la real voluntad de las etnias. ¿Alguien les preguntó si les interesa ser objeto de esta voluntad política? ¿Algún artículo de la nueva Constitución que los reconozca integrantes de la *comunidad* (ya que seguramente la palabra nación será vulgarizada) les dará de comer? Chile no es Bolivia ni Sudáfrica. Las deudas históricas no existen; sí existe la preocupación del Estado de que todos sus habitantes gocen de las mejores y mayores posibilidades materiales posibles, haciéndolos a todos, sin exclusión, partícipes, con derechos y deberes de pertenecer a esta nación.

La plurinacionalidad no se justifica en sentido histórico, social ni cultural. La raíz histórica de la nación chilena es en su mayoría europea y mestiza. Por cierto, es obvio que hay chilenos de distintos orígenes y condiciones; pero la ficción étnica, genética y cultural de una sociedad multicultural desconoce la identidad nacional. El sentido de *memoria histórica* no se limita a lo que el marxismo quiera entender por ella como el viejo topo de la historia. Chile tiene una historia para enorgullecerse y que empezó mucho antes de 1973. Las glorias militares de la Patria deben ser objeto permanente de estudio y tributo por la sociedad, que ha de honrar a quienes se sacrificaron en aras de liberar y expandir a Chile. Es lo que intelectuales de izquierda han denominado *mitologías históricas, apologéticas militares y patrioterismo de cuartel.*[187] Pese al afán del marxismo criollo de relativizar el valor de la nación, cada hijo de esta tierra debe seguir el ejemplo de nuestros héroes y recordar su memoria eternamente. Debe ser labor educacional y cultural del Estado que las generaciones de chilenos no olviden nuestra historia y formarlos en los valores patrióticos que cimentan una

187. Salazar (2020), p. 31.

conciencia nacional granítica. Mentes delirantes conciben un nuevo Estado mutilando elementos de su esencia, como el Congreso Nacional y especialmente las Fuerzas Armadas y de Orden, suplantándolas por las eufemísticamente llamadas formas de representación popular: las *asambleas comunales o populares y las milicias del pueblo o guardias revolucionarias.*

Muchos derechos se han exigido, pero pocos deberes. Ahora que llaman a votar para aprobar su nueva Constitución y su Asamblea para redactarla, exigen el regreso del voto obligatorio, siendo que forzaron su cambio legal en 2012 a voluntario. Ya que coincidimos con restaurar una relación recíproca de derechos y deberes entre ciudadanos y el Estado para precisamente reforzar el *sentido de comunidad* -destruido por el mercado según los socialistas-, habría que considerar la restauración de otros deberes públicos, como el Servicio Militar Obligatorio.

La instrucción que por más de un siglo ofrecieron las Fuerzas Armadas ha sido un valioso complemento a la educación cognitiva, física y valórica del chileno. La dedicación del joven conscripto a cumplir con su deber en las instituciones fundadoras de la Patria es no solo motivo de orgullo para él y su familia; también le permite acceder a una educación formal, relacionarse con otros jóvenes con quienes comparte destino y sentirse partícipe de una institución fundamental para la historia de la Nación. ¿Acaso ello no es fomentar el sentido de comunidad?

¿Qué se hace entonces con el más de medio millón de jóvenes *ninis*? (definición inventada para los que *no estudian ni trabajan*) ¿Son pobres víctimas del sistema que no les da trabajo ni educación? O refleja la actitud post-materialista de una generación de jóvenes que crecieron bajo la protección del hogar, que no conocen de la necesidad de tener que levantarse para, como se dice popularmente, *parar la olla*, como también una generación de padres que no se hicieron cargo de suministrar el valor de la disciplina y el respeto a la autoridad. Habría que preguntarse porque hay más *ninis* que nunca en la historia. *Que la falta de acceso a la educación, que la precarización del trabajo.* Excusas puede haber por montones. *Ninis* existen de manera transversal, en todos los estratos socioeconómicos. Es un fenómeno que padecen principalmente los países más desarrollados, pues en esos ambientes la población objetiva se puede dar el lujo de ni trabajar ni estudiar. En otras épocas, ser un *nini* se pagaba con cuartel; hoy les sale gratis, menos a sus padres. Quizás a la izquierda le interesa que existan. No por nada, no mostraron interés en engrosar las filas de las Fuerzas Armadas, pero cuando se observa la composición de quienes integran la patéticamente llamada *primera línea*, no resulta fácil saber de dónde provienen sus voluntarios. En definitiva, una nueva Constitución significa una oportunidad histórica para el marxismo de retomar su proyecto revolucionario truncado en 1973. Tal como la Constitución que pretenden demoler se erigió para prevenir al país de las viejas y desastrosas formas populistas, demagógicas e irresponsables que abundaron a lo largo del siglo XX, la nueva carta fundamental pretende crear un nuevo orden social, que permita a la izquierda alcanzar por medios legales su regreso al poder y su visión de mundo. *Que nadie se atreva a estorbar y menos a reprimir*,[188] como advirtió un prestigioso historiador marxista chileno, pues en los procesos revolucionarios las posiciones moderadas serán fagocitadas por las exaltadas.

La izquierda sabe que no puede volver a cometer el fatal error de la UP: el enfrentamiento entre *reformistas y revolucionarios*, entre los que buscan la revolución

188. Salazar (2020), p. 38.

por la vía legal y los que la persiguen por la vía armada. La historia muestra que siempre se imponen estos últimos, purgando a los elementos menos exaltados. Octubre de 2019 muestra que la violencia se considera válida y útil para conseguir objetivos políticos. ¿Sería posible descartarlo para un futuro próximo?

Solo las mentes más ingenuas avisaron tiempos de cambio para un Chile *más justo y digno*, cayendo en la vieja trampa de la propaganda. Una compleja tarea de refundación estatal nos traerá pobreza, polarización y crisis. Llegará el momento de analizarla retrospectivamente y de que se cumpla el viejo adagio *todo tiempo pasado fue mejor*. Pero aún hay margen para que el pueblo entre en conciencia y avizore el peligro que acecha al país, a su entorno, a su familia y a sí mismo. Más vale intentarlo que aceptar de brazos cruzados el triste destino que depara a los pueblos inmaduros que se dejan embaucar por la poesía de los mesías que prometen la felicidad en la tierra. Como dijo uno de los mayores genios militares de la historia, *nuestro ridículo defecto nacional consiste en no tener mayores enemigos que nosotros mismos, de nuestros triunfos y de nuestra gloria.*

BIBLIOGRAFÍA CITADA

Aedo, Cristián y Sapelli, Claudio: "El sistema de vouchers en educación: Una revisión de la teoría y evidencia empírica para Chile". En: *Estudios Públicos* (Santiago, Centro de Estudios Públicos), Nº 82, 2001. Disponible en: https://www.cepchile.cl/cep/site/artic/20160303/asocfile/20160303184438/rev82_aedo_sapelli.pdf

Alesina, Alberto y otros (2011): "The Electoral Consequences of Large Fiscal Adjustments". En: *Nber Working Paper Series* (Cambridge, Estados Unidos, National Bureau of Economic Research). Disponible en: https://www.nber.org/papers/w17655.pdf

Atria, Fernando y otros (2013): *El Otro Modelo: Del orden neoliberal al régimen de lo público* (Santiago, Debate).

Bassa, Jaime (2020): *Chile decide por una nueva Constitución* (Santiago, Planeta).

Bazán, Domingo (2019): *Calidad de la educación y emancipación. Opiniones de un pedagogo* (Santiago, Mutante Editores).

Bergoeing, Raphael (2017): "¿Por qué cayó el crecimiento en Chile?". En: *Puntos de Referencia* (Santiago, Centro de Estudios Públicos), N° 470. Disponible en: https://www.cepchile.cl/cep/site/artic/20171116/asocfile/20171116112222/pder470_rbergoeing.pdf

Caviedes, Rafael (2019): *Cómo entender el sistema de salud chileno: más allá de lo público y lo privado* (Santiago, Libertad y Desarrollo).

Denis, Ángela y otros (2010): *Pobreza Multidimensional en Chile (1990-2009)* (Santiago, ILADES/Universidad Alberto Hurtado).

Departamento de Estado, Estados Unidos (2018): "Reporte de la situación de Derechos Humanos en el Reino de Nepal". Disponible en: https://www.state.gov/wp-content/uploads/2019/03/BHUTAN-2018.pdf

Dirección de Presupuestos de Chile (2018): "Expedientes de instituciones. Ministerio de Educación". Disponible en: https://www.dipres.gob.cl/597/w3-multipropertyvalues-14437-24043.html

Erhard, Ludwig (1994): *Economía social de mercado. Su valor permanente.* Madrid, Rialp.

Flores, Tito (2019): "Nueva Constitución: La Caída del Muro de Berlín chileno". En: *La Tercera*, 20/11/2019. Disponible en: https://www.latercera.com/opinion/noticia/nueva-constitucion-la-caida-del-muro-berlin-chileno/908755/

Foresti, Carlos y otros (1999): *La narrativa chilena desde la Independencia hasta la Guerra del Pacífico: 1810-1859* (Santiago, Editorial Andrés Bello).

Gamble, Andrew (2018): *The Welfare State and the Politics of Austerity* (Madrid, BBVA, Open Mind, Penguin House Grupo Editorial).

Gay, Peter (1987): *The Basic Political Writings of Jean Jacques Rousseau* (Cambridge, Estados Unidos, Hackett Publishing).

Instituto Libertad (2017): *El Legado Económico de la Presidenta Bachelet* (Santiago, Instituto Libertad). Nº 86, noviembre 2017.

Instituto Nacional de Estadísticas de Chile (INE) (2020): "Informalidad y condiciones laborales". Disponible en: https://www.ine.cl/estadisticas/sociales/mercado-laboral/informalidad-y-condiciones-laborales

Isapres de Chile (s/f). Disponible en:

http://www.isapre.cl/comunicados-de-prensa/48-efectos-de-la-fusion

Isapres de Chile (s/f). Disponible en:

http://www.isapre.cl/PDF/CP%20Resultados%202018%20Isapres%20Abiertas.pdf

Izquierdo, Alejandro y otros (2018): *Mejor gasto para mejores vidas. Cómo América Latina y el Caribe puede hacer más con menos* (Washington, Banco Interamericano de Desarrollo). Disponible en: https://publications.iadb.org/publications/spanish/document/Resumen_ejecutivo_-_DIA_2018_-_Mejor_gasto_para_mejores_vidas_-_C_mo_Am_rica_Latina_y_Caribe_puede_hacer_m_s_con_menos.pdf

Jackson, Giorgio (2013): *El país que soñamos* (Santiago, Debate).

Kahneman, Daniel (2012): *Pensar rápido, pensar despacio* (Barcelona, Debate).

Kaiser, Axel (2015): *La Tiranía de la Igualdad* (Santiago, Ediciones El Mercurio).

Kaiser, Axel (2017): "Mito 10 Familias más Ricas de Chile", video. Disponible en: https://www.youtube.com/watch?v=UsI5hWViG8U

Kaiser, Axel (2020): "El virus después del Coronavirus". En: *Diario Financiero*, 18/03/2020. Disponible en: https://www.df.cl/noticias/opinion/columnistas/el-virus-despues-del-coronavirus/2020-03-18/184557.html

Krugman, Paul (2012): "El Programa de la austeridad". En: *El País*, 01/06/2012. Disponible en: https://elpais.com/economia/2012/06/01/actualidad/1338579110_686001.html

Larraín, Fernando (2020): "Reforma a las pensiones en Chile", conferencia. Disponible en: https://www.youtube.com/watch?v=EWk0Z1g95QE

Libertad y Desarrollo (2016): "Reforma escolar: del mito a la realidad". En: *Temas Públicos* (Santiago, Instituto Libertad y Desarrollo), N° 1248. Disponible en: https://lyd.org/wp-content/uploads/2016/04/TP-1248-ESCENARIO-PREVIO-A-LA-REFORMA-ESCOLAR.pdf

Libertad y Desarrollo (2019): "Presupuesto 2020 para educación: continuidad e inercia en el gasto". En: *Temas Públicos* (Santiago, Instituto Libertad y Desarrollo), Nº 1422-2. Disponible en: https://lyd.org/wp-content/uploads/2019/10/tp-1422-presupuesto-educacion-2020.pdf

Marx, Karl y Engels, Friedrich (1975): *El Capital* (Buenos Aires, Siglo XXI).

McCloskey, Deirdre (2015): *Las virtudes burguesas: Ética para la era del comercio* (Ciudad de México, Fondo de Cultura Económica).

Medina, Fernando (2001): *Consideraciones sobre el índice de Gini para medir la concentración del ingreso* (Santiago, Cepal).

Mercer (2019): *Melbourne Mercer Global Pension Index.* Monash Centre for Financial Studies, Melbourne, Australia. Disponible en: https://info.mercer.com/rs/521-DEV-513/images/MMGPI%202019%20Full%20Report.pdf

Ministerio de Salud de Chile (2017): "Chile obtiene la mejor posición en América Latina y el Caribe en estudio sobre acceso y calidad de la Salud". Disponible en: https://www.minsal.cl/chile-obtiene-la-mejor-posicion-en-america-latina-y-el-caribe-en-estudio-sobre-acceso-y-calidad-de-la-salud/

Moulian, Tomás (1997): *Chile actual: Anatomía de un mito* (Santiago, ARCIS-Lom).

Moulian, Tomás (1998): *El consumo me consume* (Santiago, Lom).

Navia, Patricio (2019): *"El imperio autoflagelante contraataca"*.Disponible en: https://ellibero.cl/opinion/patricio-navia-el-imperio-autoflagelante-contraataca/

OCDE (2011): *PISA in Focus*. Disponible en: https://www.oecd.org/pisa/pisaproducts/pisainfocus/49184642.pdf

OCDE (2019): *Estudios de la OCDE sobre salud pública: Chile. Hacia un futuro más sano. Evaluación y recomendaciones.* Disponible en: https://www.oecd.org/health/health-systems/Revisión-OCDE-de-Salud-Pública-Chile-Evaluación-y-recomendaciones.pdf

Ortiz y otros (2019): *La austeridad es la nueva normalidad* (The International Trade Union Confederation (ITUC)). Disponible en: https://www.ituc-csi.org/la-austeridad-es-la-nueva

PNUD (2017): *Desiguales: Orígenes, Cambios y Desafíos de la Brecha Social en Chile* (Santiago, Programa de las Naciones Unidas para el Desarrollo).

Popper, Karl (1981): *La sociedad abierta y sus enemigos* (Barcelona, Paidós).

Ramos, Joseph (2019): "Hoy hay mucha ignorancia en la crítica al sistema". En *América Economía*, diciembre de 2019. Disponible en: https://www.americaeconomia.com/economia-mercados/finanzas/joseph-ramos-economista-hoy-hay-mucha-ignorancia-en-la-critica-al-sistema

Raphael, Steven y Winter-Ebmer, Rudolf (2001): "Identifying the Effect of Unemployment on Crime". En: *The Journal of Law and Economics* (Chicago, The University of Chicago Journals), vol. 44, N°1.

Rojas, Mauricio (2019): *El joven Karl Marx y la utopía comunista* (Santiago, Debate).

Ruiz, Carlos (2020): *Octubre chileno. La irrupción de un nuevo pueblo* (Santiago, Taurus).

Salazar, Gabriel (2019): "El reventón social en Chile. Una mirada histórica". Disponible en: https://ciperchile.cl/2019/10/27/el-reventon-social-en-chile-una-mirada-historica/.

Salazar, Gabriel (2020): *Acción Constituyente. Un texto ciudadano y dos ensayos históricos* (Santiago, Tajamar Editores).

Santiago, Paulo (2018): "Revisiones sobre educación de la OCDE en Chile, conclusiones principales". En *Tensiones y desafíos para la educación en Chile a la luz del informe de la OCDE,* seminario (Santiago, OCDE). Disponible en: https://politicaspublicas.uc.cl/wp-content//uploads/2018/05/Seminario_Desafios_Educacion_Chile_Paulo_Santiago_30Mayo2018_FINAL.pdf

Sapelli, Claudio (2014): "Desigualdad, movilidad social, pobreza: Necesidad de una política social diferente". En: *Estudios Públicos* (Santiago, Centro de Estudios Públicos), N° 134: pp. 59-84.

Sigmund, Paul (1974): "The Invisible Blockade and the Overthrow of Allende". En: *Foreign Affairs*, enero de 1974. Disponible en: https://www.foreignaffairs.com/articles/chile/1974-01-01/invisible-blockade-and-overthrow-allende

Superintendencia de Pensiones de Chile (2019): "Ahorros previsionales llegan a valor histórico de US$ 218.706 millones al primer semestre de 2019, tras acumular la mayor rentabilidad de la última década para el período", 02/07/2019. Disponible en: https://www.spensiones.cl/portal/institucional/594/w3-article-13686.html

Superintendencia de Salud de Chile (2019a): *Resultados Financieros del Sistema Isapre a diciembre de 2018*. Disponible en: http://www.supersalud.gob.cl/documentacion/666/articles-18492_recurso_1.pdf

Superintendencia de Salud de Chile (2019b): "Superintendencia de Salud informa que utilidades de las Isapres ascienden a $64.392 millones", 19/07/2019. Disponible en: http://www.supersalud.gob.cl/prensa/672/w3-article-18490.html

Trebissace, Nicola (2017): "Política y Educación en Antonio Gramsci". En: *Sarmiento: Revista Galego-Portuguesa de Historia da Educación* (La Coruña, España, Universidade da Coruña), Nº 21: p. 191-200. Disponible en: https://ruc.udc.es/dspace/bitstream/handle/2183/22116/SAR_2017_21_art_8.pdf?sequence=2&isAllowed=y

Winn, Peter (2013): *La Revolución Chilena* (Santiago, Lom).

Wisecarver, Daniel (1992): *El Modelo Económico Chileno* (Santiago, Instituto de Economía de la Pontificia Universidad Católica de Chile. Centro Internacional para el Desarrollo Económico, segunda edición).

ARTÍCULOS DE PRENSA

Ciper (08/11/2019): Disponible en: https://ciperchile.cl/2019/11/08/abajo-el-neoliberalismo-pero-que-es-el-neoliberalismo/

Cooperativa (25/04/2019): Disponible en: https://www.cooperativa.cl/noticias/pais/salud/fonasa/uno-de-cada-cuatro-afiliados-a-isapres-piensa-en-cambiarse-a-fonasa/2019-04-25/105449.html

Cooperativa (25/12/2019): Disponible en: https://www.cooperativa.cl/noticias/economia/sistema-previsional/afp/multifondos-de-afp-logran-su-mejor-rentabilidad-en-una-decada/2019-12-25/131459.html

Diario Financiero (13/01/2020). Disponible en: https://www.df.cl/noticias/mercados/pensiones/afp-habitat-dice-a-sus-afiliados-que-no-es-partidaria-de-cambios/2020-01-13/094939.html

El Líbero (23/01/2017). Disponible en: https://ellibero.cl/actualidad/reforma-tributaria-de-bachelet-logro-efecto-contrario-la-tasa-de-crecimiento-de-la-recaudacion-de-impuestos-se-desplomo-de-124-a-37/

El Mercurio (05/03/2020). Disponible en: https://www.elmercurio.com/Inversiones/Noticias/Analisis/2020/03/05/Utilidades-de-isapres-caen-85-en-2019-por-alza-de-costos-de-salud-y-judicializacion.aspx

El Mostrador (05/08/2014). Disponible en: https://www.elmostrador.cl/noticias/pais/2014/08/05/fernando-atria-advierte-que-el-debate-sobre-educacion-no-avanza-porque-esta-sujeto-a-distorsiones-e-incomunicaciones/

El Mostrador (14/12/2015). Disponible en: https://www.elmostrador.cl/mercados/2015/12/14/joseph-ramos-defiende-a-rajatabla-la-apuesta-del-gobierno-por-la-productividad-para-reactivar-la-economia/

Emol (15/01/2019). Disponible en: https://www.emol.com/noticias/Economia/2019/01/15/934466/Informe-pobreza-en-Latinoamerica-Chile-reduce-su-porcentaje-a-un-107.html

Emol (08/11/2019). Disponible en: https://www.emol.com/noticias/Economia/2019/11/08/966534/Tablas-de-mortalidad-110-anos.html

Expansión (2019). Disponible en: https://datosmacro.expansion.com/smi/chile

Foreign Policy (05/09/2018). Disponible en: https://foreignpolicy.com/2018/09/05/so-long-swedish-welfare-state/

Infobae (01/11/2014). Disponible en: https://www.infobae.com/2014/11/01/1605756-los-paises-el-mejor-sistema-salud-america-latina/

La Izquierda Diario (s/f). Disponible en: http://www.laizquierdadiario.cl/ISAPRES-Quienes-se-benefician-del-necesario-lucro-en-la-salud

La Tercera (27/05/2006).

La Tercera (26/04/2019). Disponible en: https://www.latercera.com/que-pasa/noticia/ministro-ciencia-financiamiento-cientifico-chile-la-discusion-038-del-pib-me-parece-absurda/631724/

La Tercera (23/10/2019). Disponible en: https://www.latercera.com/pulso/noticia/los-indicadores-chile-explican-descontento-social/873578/

La Tercera (01/12/2019). Disponible en: https://www.latercera.com/pulso/noticia/ricardo-lagos-propone-aumentar-deuda-publica-a-45-para-echar-a-andar-la-maquina/922010/

Libre Mercado (25(08/2019). Disponible en: https://www.libremercado.com/2019-08-25/cae-otro-mito-nordico-asi-es-la-austera-regla-de-gasto-que-baja-la-deuda-en-dinamarca-1276643636/

The New York Times (26/07/2018). Disponible en: https://www.nytimes.com/es/2018/07/26/espanol/portugal-austeridad-recuperacion.html

www.ingramcontent.com/pod-product-compliance
Lightning Source LLC
LaVergne TN
LVHW080626160826
845677LV00007B/1455

* 9 7 8 9 5 6 0 9 1 6 9 7 6 *